가톨릭대학교 글로컬문화스토리텔링 연구총서 2

지역 문화 콘텐츠와 스토리텔링

글로컬문화스토리텔링 연구총서 2

지역 문화 콘텐츠와 스토리텔링

초판인쇄 2016년 12월 20일 **초판발행** 2016년 12월 30일
엮은이 가톨릭대학교 글로컬문화스토리텔링연구소 **펴낸이** 박성모 **펴낸곳** 소명출판 **출판등록** 제13-522호
주소 서울시 서초구 서초중앙로6길 15, 1층
전화 02-585-7840 **팩스** 02-585-7848 **전자우편** somyungbooks@daum.net **홈페이지** www.somyong.co.kr

값 12,000원 ⓒ 가톨릭대학교 글로컬문화스토리텔링연구소, 2016
ISBN 979-11-5905-132-6 94300

이 저서는 2016년 정부(교육부)의 재원으로 '대학인문역량강화사업(CORE)'의 지원을 받아 제작되었음.

지역 문화 콘텐츠와 스토리텔링

LOCAL CULTURE CONTENTS AND STORYTELLING

가톨릭대학교 글로컬문화스토리텔링연구소 엮음

가톨릭대학교 글로컬문화스토리텔링 연구총서 2

소명출판

발간사

인문학의 본질은 인간의 삶과 지적 활동에 대한 총체적 이해라고 할 수 있습니다.

인문학은 현대 사회의 다양한 매체 발달과 사회 변화의 기저에 분명히 자리하고 있습니다. 하지만 사회의 빠른 변화에 발맞춰 가는 명확한 모습이 눈에 띄지 않아 항상 인문학의 존재 및 고유한 의미는 의심받고 있습니다. 이러한 인문 생태계 변화에 따라 인문학의 사회적 적합도를 제고(提高)하는 요구가 점점 늘어가고 인문학과 여타 실용 학문과의 조화·발전을 추구하는 노력들도 활발하게 이루어지고 있습니다.

가톨릭대학교 글로컬문화스토리텔링연구소는 인간 존중의 이념 아래 확고한 인문학 전통을 유지하며 동시에 사회적 수요와 교육적 요구의 변화에 부응한 인문학 변화 발전을 추구하기 위한 연구를 수행하기 위하여 설립되었습니다. 인문학을 기반으로 하여 문화 콘텐츠·미디어·스토리텔링 분야에 적합한 인문 인재를 육성하기 위한 제반 연구를 수행하는 것을 목표로 합니다.

가톨릭대학교 글로컬문화스토리텔링 연구총서가 인문학 내부의 소통과 인문학 외연의 확장·발전에 도움이 되기를 기대합니다.

가톨릭대학교 글로컬문화스토리텔링연구소장 이 지 양

　인간이 모여 살고 있는 장소에는 나름의 역사가 있고, 이를 뒷받침하는 온갖 유형의 이야기·유적·풍습이 존재하게 마련이다. 모든 인간이 서로 달라 생김새와 개성이 일치하지 않듯, 마을이나 지역 단위의 역사와 이야기·유적·풍습이 다른 마을 다른 지역과 똑같을 리 없다. 국가의 인문학적인 역량이 강화되고 문화가 융성해지려면 이러한 지역 단위의 독자성 혹은 개별성에 깊은 관심을 기울여야 한다.

　인문학 역량 측면에서 논의하자면, 자신이 어떠한 역사와 환경 속에서 성장하였는가를 돌아보고 그 의미를 묻는 작업은 철학 활동의 일환이며, 역사와 환경의 면면을 더듬어 나가는 노력은 역사학의 범주에 다가서 있다. 그리고 이를 소재로 삼아 새롭게 이야기해 나가고자 할 때 문학의 길이 열리게 된다. 자신이 나고 자란 터전이 아니라 할지라도 큰 차이가 나타나는 것은 아니다. 특정 지역의 환경과 역사를 이해하고 다른 방식으로 이야기하려면 그에 대한 인문학적 관심과 애정 어린 천착이 요구될 터이기 때문이다.

　각 지역의 독자성/개별성은 그 자체로 의미를 차지한다. 달리 말하자면, 각 지역의 서로 다른 특성이 어떤 하나의 절대적인 가치로 수렴될 수 없다는 것이다. 이처럼 지역문화의 독자성을 유지하되 다른 지역 문화와의 공존 체제를 확보해 나가려는 태도는 화이부동(和而不同) 이념에 입각해 있다고 하겠다. 근대화가 낳은 커다란 폐해 가운데 하나가문화의 획일주의라는 사실을 떠올렸을 때, 이러한 이념의 확보는 중요한 수밖에 없다. 국가문화의 융성을 위해서는 여러 층위에서 다양한 지역문화가 살아 움직여야 하며, 세계문화의 활발한 교류가 가능해지기 위해서는 각 문명권 및 국가의 독자성이 존중받아야만 한다.

가톨릭대학교 글로컬문화스토리텔링연구소에서는 이와 같은 사실을 염두에 두고 '지역문화콘텐츠'에 관심을 가지게 되었다. 그리고 이를 활성화하는 방편으로 '스토리텔링'에 초점을 맞추었다. 가톨릭대학교 글로컬문화스토리텔링 연구총서 두 번째 기획을 『지역문화콘텐츠와 스토리텔링』으로 묶어내게 된 까닭이다. 제1부는 한국에서의 사례를 다루었고, 제2부는 일본의 경우를 묶었다. 옥고를 보내주신 선생님들께 고마운 마음을 전하며, 이 책의 발간이 아직 학문 분과로 정착되지 못한 지역문화콘텐츠의 스토리텔링 분야의 활성화에 기여하는 바가 있기를 바란다.

가톨릭대학교 글로컬문화스토리텔링연구소 편집부장 홍 기 돈

차례

I. 한국편

II. 일본편

Ⅰ. 한국편

역사·문화 테마파크 개발을 위한 성공모델 설정

한국문화 테마파크를 사례로

권기창

---

1. 서론

1) 연구의 목적

테마파크는 일정한 주제로 재미와 감동을 느낄 수 있도록 만들어진 공연·전시·이벤트가 이루어지는 복합적인 공간이다. 이와 같은 테마파크는 오늘날 많은 지자체들이 교통여건의 발달로 접근성이 향상되자 체류형 관광객을 유도하고 지역 경제를 활성화시키기 위한 목적으로 주변지역 관광지와 연계하여 많이 추진하고 있다.[1]

이와 같은 상황에서 볼 때 경상북도 북부지역은 가장 낙후된 지역으로 청정 자연 환경과 한국 정신문화의 뿌리인 전통유교문화의 보고로

---

[1]   김희진, 『일본의 테마파크 사례와 전략』, 커뮤니케이션북스, 2007, 30쪽.

수많은 문화자원을 가지고 있기 때문에 한국을 대표하는 문화관광지로 육성하고, 높아지는 문화적 욕구를 충족시킬 수 있는 문화콘텐츠를 개발한다면 무한한 발전 가능성을 가지고 있는 지역이다.

따라서 본 논문에서는 관광객들에게는 문화적 욕구를 충족시키고 지역민에게는 지역경제 발전의 초석이 되는 테마파크가 될 수 있도록 사례 분석과 문헌 연구를 통해 역사·문화 테마파크의 개발모델을 설정하고 한국문화 테마파크의 차별화된 핵심 컨텐츠와 프로그램을 개발하여 운영활성화에 도움을 주고자 한다.

2) 연구의 방법

본 연구는 테마파크 개발 모델을 도출하기 위해 이론적 분석, 실증분석, 법제 분석, 국내외 현장방문 및 관계자 및 전문가 면담 등을 통해 다음과 같이 진행하였다. 첫 번째로 이론적 분석을 토대로 테마파크의 특징을 정립하였고, 두 번째로 테마파크 개발 동향, 추진 법규, 선행연구, 사례조사 등을 통해 성공요소를 도출하여 개발 모델을 설정하고, 세 번째로 이를 기반으로 테마파크의 테마 설정, 이벤트 프로그램 개발, 지원시설, 차별화된 마케팅, 입지선정, 사업추진방식 및 운영주체, 지역문화자원 연계 및 주민참여, 타깃설정, 수요예측에 관한 분석을 하였다.

2. 국내 테마파크 현황 및 개발관련제도 분석

1) 테마파크 현황

1970년대 경제 발전과 소득 수준의 향상 등으로 어린이 대공원, 용인자연농원, 한국 민속촌 등이 순차적으로 개장히면서 지속적인 성장을 유지하여 왔지만 2000년 이후에는 입장객 수의 감소, 경기 침체, 높은 인건비 등의 문제로 대규모 테마파크의 경쟁력이 떨어지고 있는 추세이다.

이러한 문제를 극복하기 위해 최근에는 차별화된 주제와 가족 중심의 테마파크가 확산되고 있고, 지방자치 단체는 지역경제 활성화를 목적으로 지역의 자원을 소재로 한 중·소 규모의 테마파크를 많이 건설하고 있는 상황이다.[2] 전국의 테마파크의 수는 2014년 기준으로 총 422개로 전년도 대비 사업체의 수가 28.3% 증가하였다. 시도별로는 경기도에 86개소가 위치해 가장 많고 다음으로 강원도 37개, 전남·경북이 33개소 서울이 24개소 수준으로 나타났다.[3] 이중 연간 30만 이상의 입장객이 찾는 테마파크를 살펴보면 수도권에는 에버랜드, 롯데월드, 서울랜드, 한국민속촌이 있고 대전에는 대전 오월드가 있다 경상도에는 이월드, 경주랜드, 신라밀레니엄파크, 통도 환타지아. 부곡하와이 랜드, 허브힐즈가 있고 전라도에는 전주동물원 등이 있다.

---

2   서천범, 『레저백서』, 한국레저산업연구소, 2014, 401~404쪽.

3   http://www.tour.go.kr/

2) 테마파크 개발 관련 주요제도 분석

(1) 지역균형개발 및 중소기업 지원에 관한 법률

이 법은 국토를 합리적으로 이용·개발·보전하기 위하여 지방의 발전 잠재력을 개발하고 민간부문의 자율적인 참여를 유도하여 지역 개발사업이 효율적으로 시행될 수 있도록 하며 아울러 지방중소기업을 적극적으로 육성함으로써 인구의 지방 정착을 유도하고 지역경제를 활성화시켜 국토의 균형 있는 발전에 이바지함을 목적으로 만들어진 것으로 광역개발권역 개발촉진지구, 특정지역, 지역종합개발지구의 지역개발 제도가 있다.[4]

사업시행자 및 입주자에 대한 지원은 조세의 감면, 부담금의 감면, 입주자등에 대한 자금지원, 채무보증, 기반시설 및 보조금등의 지원, 국·공유재산의 임대·매각 등의 특례가 주어진다.

(2) 신발전 지역 육성을 위한 투자 촉진 특별법

이 법은 산업 및 생활 기반시설 등이 다른 지역에 비하여 낙후되어 있으나 성장 잠재력을 보유한 지역을 종합적·체계적으로 발전시키고 투자를 촉진함으로써 성장동력 창출과 국가균형발전에 이바지함을 목적으로 만들어진 것으로 신발전지역, 신발전지역 종합발전 구역, 신발전지역 발전촉진지구, 신발전지역 투자촉진지구의 지역개발 제도가 있다.[5]

---

4   지역균형개발 및 중소기업지원에 관한 법률.
5   신발전 지역 육성을 위한 투자촉진 특별법.

사업시행자 및 입주자에 대한 지원은 조세의 감면, 부담금의 감면, 입주자 등에 대한 자금지원, 채무보증, 기반시설 및 보조금 등의 지원, 국·공유재산의 임대·매각 등의 특례가 주어진다.

3) 관광 진흥법

이 법률은 관광 여건을 조성하고 관광자원을 개발하며 관광 사업을 육성하여 관광 진흥에 이바지하는 것을 목적으로 관광지, 관광단지, 관광특구 등의 제도가 있다. 관광지란 자연적 또는 문화적 관광자원을 갖추고 관광객을 위한 기본적인 편의시설을 설치한 지역이고 관광단지는 관광객의 다양한 관광 및 휴양을 위하여 각종 관광시설을 종합적으로 개발하는 관광 거점 지역을 말한다.[6]

재정지원과 관련하여 문화체육관광부장관은 관광에 관한 사업을 하는 지방자치단체, 관광사업자 단체 또는 관광사업자에게 대통령령으로 정하는 바에 따라 보조금을 지급할 수 있고 지방자치단체는 그 관할 구역 안에서 관광에 관한 사업을 하는 관광사업자 단체 또는 관광사업자에게 조례로 정하는 바에 따라 보조금을 지급할 수 있다.

---

6   관광진흥법

3. 역사·문화테마파크 선행연구 및 사례분석

1) 선행연구

유기적 시설물의 결합체인 테마파크가 성공하기 위해서는 테마성, 비일상성, 통일성, 배타성, 레저성, 독창성, 종합성의 요소를 지녀야 함은 물론이고 스토리와 어트렉션, 공간 구성의 문제가 중요하다는 것을 선행연구 결과에서 알 수 있었다.

〈표 1〉 선행연구

연구자	성공요소
고석규	스토리 없이 테마파크 자체만으로 성공하기 어려우므로 스토리텔링이 중요
김창수	표현기법, 동선계획, 공간구성과 장소성, 이벤트 공간 연출이 상호조화
풍타닐	미학 차원에서 물리적 공간과 주체의 감각적 활동 사이에 발생하는 상호작용
김희진[10]	테마성, 비일상성, 통일성, 통합성, 복합성의 특징을 가져야 함
김국선[11]	테마성, 동일성, 비일상성, 배타성, 종합성

특히 유동환은 테마파크의 성공요소를 공간, 건축, 이야기, 시설, 서비스를 성공의 4대 핵심구조로 〈그림 1〉과 같은 성공모델을 제시하였다.[7]

선행연구 결과에서 나타난 성공요소를 정리해 보면 장소성에 기반한 역사 이야기가 충분해야 하고, 이것을 스토리텔링하여 다양한 공연

---

7 유동환, 한국문화르네상스 프로젝트 '한문화테마파크' 연구용역, 경북테크노파크, 2008, 123~125쪽.

<그림 1> 테마파크 개발 모델

으로 관람객들에게 재미와 감동을 부여해야 한다. 공간적으로는 시대의 이미지를 시설 및 공간에 표현할 수 있도록 통일성과 일관성을 지녀야 한다. 또한 그 시대의 공간을 그대로 재현하는 것이 아니라 이용객의 편의와 즐거움을 주기 위한 허구의 세계를 구성하는 배타성이 강조되어야 한다. 이와 같은 문제에 충실하다 보면 접근성에 문제가 발생할 수 있는데 이를 극복하기 위해서는 관람객들에게 향수를 불러일으킬 수 있는 차별화된 콘텐츠 개발전략이 무엇보다 중요하다.

지금까지의 연구는 역사·문화, 생활, 산업, 예술, 놀이, 과학, 자연자원 등을 주제로 한 모든 테마파크에 일반적으로 적용되는 성공의 기본요소를 중심으로 연구가 활발하게 진행되었다. 그러나 본 논문에서는 스토리와 역사적 장소성을 강조하는 역사·문화테마파크를 중심으로 테마파크의 기본적인 성공요소에 기반을 두고 개발에서 운영에 이르기까지 각 요소가 상호작용하는 성공모델을 만들고 이를 실현하기 위한 구체적인 프로그램을 제시하는 데 주안점을 두었다.

2) 사례 분석

(1) 프랑스 방데 퓌디프

프랑스 중서부 방데지방에 위치한 유럽 최대의 역사·자연·생태·오락·레저 등이 복합된 테마파크로 '프랑스의 역사를 세계의 역사로! 용서하되 기억하자!'라는 브랜드를 가지고 프랑스 방데 내전의 역사와 이야기를 중심으로 방데 사람들의 일상을 재현한 곳이다.[8]

〈표 2〉 퓌디프

구분	주요내용
테마	참신성 및 일관성 유지(방데내전)
접근성	접근성 좋지 않음
건축	고성, 19c마을 재현, 테마형 건축(현대적 시설 최소화)
도입시설	공연장, 체험장, 전시장, 쇼핑, 숙박시설
공연	방데지역의 내전을 테마로 첨단기술이 융합된 감동적인 콘텐츠
운영	지역주민 주도형 운영 방식(대부분 자원봉사로 운영)
경제성	흑자 운영(지속적인 재투자)
지역브랜드	방데지역의 역사
이미지	프랑스 대혁명에 반기를 든 방데지방 농민들의 아픈 역사
이용객	연간 150만 명 방문(내국인 90% 외국인 10%)
주요타깃	가족 단위 관광객

---

8 http://www.puydufou.com

2014년 4월 20일부터 27일까지 진행한 현장조사와 운영 및 관리담당자들(Managing Director : Jan Erik ALDERLIESTE 외 2인)과의 인터뷰에서 확인한 결과 프랑스 파리에서 350km 떨어진 접근성이 좋지 않은 곳에서 테마파크가 성공할 수 있었던 것은 역사적 사실을 중심으로 한 풍부한 소재가 있는 지역을 선정해서 훌륭한 공연콘텐츠를 만들었기 때문이다. 또한 자연지형에 순응하는 테마파크 건설로 공사비 절감과 함께 자원봉사자를 중심으로 한 주민주도형 운영방식을 채택한 것이 성공의 중요한 요소였다.

(2) 일본 닛코 에도무라

에도[江戶]시대 초기의 역사를 주제로 한 여러 가지 놀이시설과 볼거리 등을 제공하는 놀이공원으로 1986년 4월에 개장한 닛코 에도무라는 '일본의 역사·문화를 지키고, 일본인의 마음을 전한다'라는 테마로 1603~1867년 사이의 쇼군시대의 삶을 역사적으로 재현한 곳으로 에도시대의 상가나 마을, 거리, 무사들의 거주터 등을 복원해 놓았으며 관리직원 모두가 에도시대 복장으로 업무를 하여 에도시대의 문화화 풍속을 만끽할 수 있는 곳이다.[9]

2013년 8월 24일부터 27일까지 진행한 현장조사와 담당자 인터뷰에서 확인한 결과 에도무라는 에도시대의 역사를 주제로 주변지역으로 몰리는 관광객을 유치하기 위해 만들어진 차별화된 역사 테마파크이다.

에도무라는 에도시대 초기의 역사와 세계인 누구나 알고 있는 사무

---

9   http://www.edowonderland.net

라이와 닌자를 주제로 다양한 놀이시설과 볼거리를 제공하는 역사체험 및 공연시설로 구성되어 있다. 공간적으로는 진입광장, 숲길, 극장거리, 상인마을, 사무라이 저택으로 크게 나눌 수 있으며, 테마극장과 체험 및 부대시설로 이루어진 역사주제 테마파크 공간구조를 지니고 있는 것이 특징이었다. 에도무라는 에도시대의 문화가 반영된 테마파크로 에도시대의 생활상을 체험할 수 있는 전통극과 일본 전역에서 이루어지는 다양한 퍼레이드를 이곳에서 재현함으로 인해 관람객들에게 새로운 흥미를 유발시키는 것과 동시에 시·공간적 몰입감을 부여하는 운용 요소를 지니고 있는 것이 특징이었다.

또한 하루에 한 번씩 벌어지는 가장행렬은 에도시대의 복장을 한 사

〈표 3〉 에도무라

구분	주요내용
테마	참신성 및 일관성 유지 (일본의 역사·문화를 지키고, 일본인의 마음을 전하는 테마)
접근성	접근성 좋지 않음
건축	에도시대 모습 재현
주요시설	공연장, 체험장, 전시장, 쇼핑
공연	사무라이와 닌자를 주제로 한 다양한 공연
운영	민간 기업이 운영(전체 150명 직원 중 절반이 공연 배우의 역할 수행, 1인 다역으로 인건비 절감)
경제성	흑자 운영(지속적인 재투자)
지역브랜드	도쇼구로 몰리는 관광객을 유치하기 위해 생긴 복합형 관광단지
이미지	에도시대의 역사문화 이야기(종사자 모두가 에도시대의 복장 착용)
이용객	연간 약 590만 명
주요타깃	가족단위 관광객

람들이 당시의 생활상을 그대로 보여주므로 관광객들에게 새로운 볼거리를 제공하고 있었고 행렬에 참가하는 사람들 모두가 닛코 에도무라에 입점하여 장사를 하는 사람들로 구성하여 공연단을 별도로 고용하거나 이벤트 회사에 외주를 줌으로써 발생하는 비용을 줄임과 동시에 입주민 스스로 에도시대를 체험하게 함으로 인해 극적인 효과를 배가시켰다.

(3) 한국 경주 신라밀레니엄 테마파크

신라 밀레니엄 파크는 국내 유일의 신라시대 역사·문화를 체험할 수 있는 곳이다. 연간 방문객은 약 30~40만 정도로 개인과 단체의 비율을 4:6 정도이고 1일 최대 3~4천 명이 방문하고 있다. 외국인은 주로 중국인과 일본인으로 개인보다 단체 방문객이 많은 상황이다.

유적중심의 관광이나 놀이기구 중심의 기존 테마파크와는 달리 역사와 문화를 즐길 수 있는 체험위주의 에듀테인먼트 놀이동산이다. 신라를 주제로 한 상설공연이 이루어지고 있고 특히 비수기인 여름에는 특별이벤트로 '오싹한 한 여름 밤의 호러공연 축제'를 실시하여 관람객들에게 새로운 볼거리를 제공하고 있었다.[10]

또한 관객이 참여하는 형태로 운영되는 장보고 공연장과 기업체 및 단체관람객의 단독 행사를 위한 야외 공연장을 운영하고 있는 것은 테마파크의 집객력 향상을 위한 좋은 사례이다.

밀레니엄 테마파크는 신라시대의 모습을 연상케 할 수 있도록 삼국사

---

10   http://www.smpark.co.kr

기를 근거로 신라마을을 재현시켜 상상속의 신라의 모습을 현실 속에서 볼 수 있도록 만들어 관람객들에게 이색적인 볼거리를 제공함은 물론 드라마의 세트장으로 활용이 되어 일석이조의 효과를 거두고 있다.

2014년 7월 24일 신라 밀레니엄 테마파크를 방문하여 담당자와 인터뷰 한 결과 신라를 주제로 한 테마의 설정이 중요하였고 상시 공연을 위한 방안으로 예산 절감을 위해 지역에 소재하고 있는 문화 인력인 경주 예술단을 1년 단위로 계약하여 공연을 진행하고 있었다. 또한 마케팅과 관련해서 단체관광객과 가족단위 관광객을 타깃으로 신라라는 컨셉을 기반으로 '교육의 장', '전통 체험의 장'으로 모객을 위한 차별화 전략을 구사하고 있다는 것을 알 수 있었다. 역사적 고증을 거친 건축

〈표 4〉 밀레니엄 파크

구분	주요내용
테마	독창성(천년 왕국 신라의 꿈과 향수)
접근성	보문단지내 위치(접근성 양호)
건축	신라시대 모습 재현(신라거리 조성)등 일부 현대적 시설로 몰입감 주지 못함
주요시설	공연시설, 체험시설, 전시시설, 숙박시설, 드라마 세트장 등
공연	신라를 주제로 한 공연 (천궤의 비밀, 여왕의 눈물, 화랑의 도, 호낭자의 사랑, 석탈해 등)
운영	민간기업
경제성	현상유지
지역브랜드	신라 천년 왕국
이미지	신라시대의 역사·문화 이야기
이용객	연간 30~40만 명
주요타깃	일반 및 가족단위 관광객, 단체, 기업체 연수 등

물과 시대적 상황을 담은 공연 콘텐츠를 조화롭게 결합시켰고, 시대적 상황에 맞는 체험프로그램 운영과 비수기를 대비한 특별 이벤트 실시로 관람객의 방문율을 높이는 결과를 가져 왔다. 그러나 일부에서는 현대시설과 전통시설의 혼재로 관람객들에게 공간 몰입감을 주지 못하고 있는 것은 해결되어야 할 과제이다

4. 선행연구 및 사례연구를 통한 성공요소 도출

선행연구와 사례 테마파크를 분석한 결과 일관성 있는 테마 설정, 공간의 유기적 결합, 몰입감을 줄 수 있는 킬러 콘텐츠 개발, 관람객을

〈표 5〉 성공요소

성공요소	주요내용
테마의 일관성	역사·문화에 대한 킬러 콘텐츠를 중심으로 일관성 유지
배타성	그 시대의 공간을 그대로 재현하는 것이 아니라 허구의 가상세계 구성
장소성	장소에 기반한 역사·문화에 관한 스토리텔링의 원천 소재가 풍부
공간의 유기적 결합	주제에 맞게 공간배치와 함께 자연지형에 순응하는 토지이용계획 수립 (현대적 시설의 최소화)
킬러콘텐츠 개발	이용객들이 공감대를 형성하고 재미와 감동을 줄 수 있는 특화 프로그램 개발 (공연 및 이벤트 중심)
전략적 타깃설정	시기별(주중과 주말, 성수기와 비성수기), 계층별 차별화된 타깃 전략 수립
민간주도형 운영	주변관광지와 연계하여 지역주민이 참여하는 민간주도형 운영 방식과 1인 다역의 업무 수행
다양한 지원시설	숙박·식음시설 등 체류시간을 연장하기 위한 지원시설 도입
지속적인 재투자	이용객이 지속적으로 증가할 수 있도록 유도하기 위하여 콘텐츠 수정 및 보완

증가시키기 위한 차별화된 타깃전략, 민간주도형 운영 방식 채택, 다양한 지원시설과 함께 원스톱 서비스, 콘텐츠 보강을 위한 지속적인 재투자 등이 태마파크의 성공요소로 도출되었다.

특히 태마파크가 성공하기 위해서는 태마파크의 목적, 컨셉, 차별성이 중요하므로 다양한 체험 시설과 함께 관람객들이 공감대를 형성하고 흥미를 가질수 있는 소재의 선택이 무엇보다 중요하다는 것을 알 수 있다.

5. 역사 · 문화 테마파크 개발 모델

1) 개발모델 반영 요소

(1) 일관성 있는 테마설정

테마는 테마파크를 성공시키기 위한 가장 중요한 요소 중의 하나이다. 테마는 테마파크의 생명력과 직결되는 것으로 차별화되고 일관성 있는 테마의 설정이 방문객들에게 이색적인 재미와 감동을 주고 상상력을 자극함으로써 파크에 쉽게 몰입할 수 있도록 만들어 준다.[11] 이로 인해 테마파크에 대한 매력감은 극대화되어 지속가능한 공간으로 재탄생하게 되는 것이다.

---

[11]   김국선 · 윤종현, 「캐릭터 마케팅을 활용한 국내 테마파크에 관한연구」, 『한국공간디자인학회 논문집』 제5권 4호(통권 14호), 2010, 159쪽.

(2) 이벤트 프로그램 개발

테마파크는 단순한 전시공간에서 벗어나 테마에 어울리는 공연·이벤트 등의 프로그램을 개발하여 방문객들이 만족하고 더불어 재방문 의사를 갖도록 만들어야 한다. 이렇게 하기 위해서는 테마의 일관성을 유지한 다양한 이벤트 프로그램 개발이 중요하다. 이러한 이벤트 프로그램은 체험이벤트, 거리이벤트, 계절이벤트, 공연이벤트 등으로 테마파크의 특징적인 요소를 잘 반영하여 일상적인 세계와는 단절이 된 느낌을 줄 수 있는 것으로 기획되어야 한다.

(3) 다양한 지원시설

테마파크는 한정된 공간에서 복합적인 서비스가 이루어져야 한다. 체험시설, 식음시설, 공연시설, 숙박시설, 편의시설, 탑승시설, 이벤트 광장 등의 복합적인 지원시설과 함께 원스톱 서비스가 가능하도록 만들어져야 한다. 하나의 공간에서 방문객들이 추구하는 모든 것을 해결할 수 있어야 만족감을 배가시킬 수 있게 된다.

(4) 차별화된 마케팅

테마파크의 성공은 차별화된 마케팅에 의해 좌우된다고 해도 과언이 아니다. 테마파크를 방문한 관람객들이 마음속에 테마파크에 대한 향수가 깊게 자리잡게 되었을 때 재방문이 이루어지고 입소문으로 전해져 많은 관광객이 찾아오게 된다. 현재 대부분의 마케팅은 다중 매체를 통한 홍보 수준에 그치고 있다. 홍보도 중요하지만 찾아오는 관람객에게 얼마나 많은 만족을 줄 수 있는지에 대한 체계적인 관광 마케팅

전략이 수립되지 않으면 성공할 수 없는 것이 오늘의 현실이다.

(5) 입지 선정 및 공간 구성

테마파크의 입지 선정 기준은 관광루트, 숙박거점, 우수한 경관과 같은 직접적인 기준 외에도 간접적인 기준인 사회적 여건, 관광 여건, 개발 잠재력, 생활환경 여건 등 여러 가지 복합적인 요인에 의해 결정된다. 테마파크의 입지를 결정하기 위해서는 객관적인 평가가 선행되어야 향후 효율적인 운영이 이루어질 수 있다.[12]

테마파크는 테마를 중심으로 한 공간으로 스토리가 있어야 한다. 놀이시설, 체험시설, 공연시설에 스토리가 가미되어야 하고 이러한 시설들은 처음부터 끝까지 공간적인 일체감으로 구성되어야 관람객들이 일관성 있는 즐거움을 맛볼 수 있다.[13]

(6) 사업추진방식 및 운영체제

테마파크는 대규모의 자본과 시설이 투입될 뿐만 아니라 방문객의 동선에 캐릭터와 스토리를 표현해야 하는 고도의 전문적인 문화산업에 속하기 때문에 토목·건축분야의 전문가 뿐만 아니라 섬세한 감정적 이미지를 표현할 수 있는 문화적 감수성을 갖춘 창의적이고 전문적인 주체가 운영해야 한다.[14]

---

12 차락근, 「테마파크 개발전략에 관한 연구」, 명지대 박사논문, 1996, 75~76쪽.
13 곽경희, 「체험 마케팅과 스폰서십마케팅」, 『한국콘텐츠학회논문지』 vol.12 no. 11, 2012, 443쪽.
14 김윤근, 「홍길동 테마파크 활성화 방안」, 전남대 석사논문, 2012, 31쪽.

(7) 지역문화자원연계 및 주민참여

테마파크를 방문하는 관람객이 가급적 이 지역에서 많은 것을 보고 즐기고 살 수 있는 여건을 만들기 위해서는 주변지역 문화자원과 연계한 운영 프로그램을 개발하는 것이 무엇보다 중요하다. 테마파크를 찾은 관람객이 테마파크만 보고 떠난다면 지역경제 활성화에는 큰 도움이 되지 못한다. 따라서 지역 문화 자원을 적극적으로 활용한 문화 상품을 만들어 내어 보다 많은 방문객을 유도하여 지역의 성장에 기여할 수 있도록 해야 한다.

(8) 전략적 타깃 설정

시장 세분화 분석을 통하여 타깃 시장을 설정하여야 한다. 시장세분화는 시설의 성격과 각 시장의 특성을 반영하여야 하며 테마파크 전체 시설을 효율적으로 운영할 수 있도록 제반 요소를 고려하여야 한다. 또한 타깃 설정은 계층별, 계절별 시간별(주중, 주말)로 분리하여 전략적 계획을 수립하여야 한다.

(9) 수요예측

테마파크조성에 있어서 수요 예측은 매우 중요한 분석 요소이다. 수요에 따라서 테마파크의 규모와 시설이 결정되게 된다. 수요예측이 잘못되면 운영에 있어서 심각한 문제가 발생하기 때문에 철저한 수요분석이 요구된다.

2) 개발모델 설정

성공적인 테마파크를 만들기 위한 개발 모델 설정 과정은 ① 지역 및 테마파크의 현황, 장래동향 및 제약요건을 분석한 다음 개발과제 및 목표설정을 하고, ② 기본전략 및 개발조건을 명확하게 정의한 다음 개발 기본구상에 들어가게 된다. ③ 개발 기본구상에 대해 전문가·운영자·관계자 등의 자문과 문제점을 분석을 통해 조정 과정을 거치고, ④ 경제적 파급효과·소요예산·환경영향 등의 분석을 바탕으로 개발정책수단 및 성공요소를 도출한 후 개발계획을 수립하게 된다.

이 연구에서 도출된 성공요소로는 정체성과 일관성 있는 테마설정, 재미와 감동을 주는 프로그램, 고객의 요구를 반영한 편리한 지원시설, 집객력 향상을 위한 차별화된 마케팅, 주변 문화자원와 연계한 입지선정 및 메시지를 전하는 공간, 민간주도형의 사업추진 및 운영주체, 지역 문화자원 연계 및 주민참여, 시장세분화 전략에 따른 타깃설정, 수요예측 등을 들 수 있는데 이에 대하여 철저한 실행방안을 강구해야 한다. 마지막으로 테마파크가 성공적으로 운영되기 위해서는 개발계획 수립과 실시 단계에서 나타나는 각종 문제점을 피드백시켜 개선해 나가는 것이 더욱더 중요하다.

테마파크는 복합엔터테인먼트 시설로서 여러 가지 복합적인 요소가 상호 연계되어야 시너지 효과가 극대화될 수 있기 때문에 어느 한 가지 요소라도 소홀히 다루어서는 안 된다.

이 중 테마파크 성공에 있어서 가장 중요한 것은 테마의 설정이다. 어떤 테마를 가지고 어떻게 차별화전략을 구사할 것인지를 심도 있게 연구해야 하고 그 다음으로 각 시설의 효과를 극대화시키기 위해 어떤 프로그램으로 관람객들에게 만족도를 배가시켜 재방문을 유도할 것인가에 대한 고민을 해야 한다.

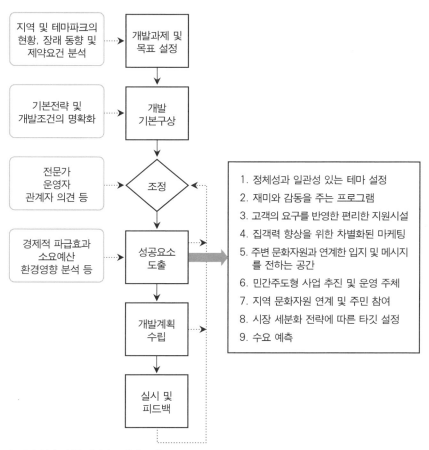

〈그림 2〉 역사·문화 테마파크 개발 모델

6. 한국문화 테마파크 개발모델 설정

1) 한국문화 테마파크의 개요

한국문화 테마파크는 관광객들에게 재미와 감동을 주는 역사·문화 테마파크로 '16세기 산성마을의 시간여행'이라는 주제로 진입광장의 역할인 남문광장, 조선시대 산성마을의 삶을 모습을 재현한 산성마을, 실제 의병 전투를 체험할 수 있는 연무마당, 산성마을과 연무마당을 연결하는 산성 숲길이라는 공간구조로 계획하였다.

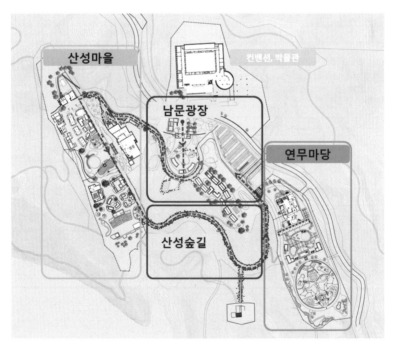

〈그림 3〉 한국문화테마파크 공간구상

남문 광장은 진입 공간으로 성문 시설과 함께 매표소, 판매시설, 광장, 한옥 체험촌, 한식풍류마당, 위기 상황을 알리는 봉수대, 조선시대 직업인 분장 체험을 위한 선비 숙녀 변신방 등의 시설이 도입된다. 산성마을은 16세기 산성마을의 주요시설물들을 재현하여 산성 안팎에서 생활했던 당시 사람들의 상거래, 지방행정, 윤리교육, 농업 등의 생활문화를 체험하고 역사 속 인물들의 모험과 전쟁, 사랑 이야기를 4D 영상 및 공연을 통해 보여주는 공간으로 성안 객주거리, 성안 관아거리, 성밖 반가마을로 구성하였고 연무 마당은 챌린지 서바이벌 게임 및 미로 게임을 결합한 의병전쟁 체험장인 연무대, 전통찜질 및 한방 숙박 치유 시설인 활인 심방관, 역비례 디자인의 전통 민속 놀이터인 개구쟁이 놀이터 등의 시설로 구성하였다. 산성 숲길은 산성 마당과 연무 마당을 연결하는 공간으로 안동설화를 모티브로 한 조형물을 감상하며 이야기를 들어 보는 스토리 산책로와 숲속을 이동하며 다양한 테마 미션을 수행하는 공간으로 계획하였다. 한국문화 테마파크는 한국의 역사 및 문화의 정체성을 느끼고 체험할 수 있는 공간이다.

2) 성공적인 한국문화 테마파크 개발 방안

(1) 정체성과 일관성 있는 테마 설정

16세기 조선시대의 산성여행이라는 주제로 2,000여 개의 산성을 보유하고 있는 우리나라의 지형특성을 공간개념으로 설정하고, 퇴계학파 정립기인 학문의 시대로부터 호국의병이 활동한 임진왜란기인 호국의 시대까지의 16세기 조선시대로의 시간여행을 테마로 설정하였다. 세부적 배경으로는 16세기 임진왜란 전후기를 시간적 배경으로 하고 경북지역의 산성을 공간적 배경으로 설정하였고 평상시 산성마을의 모습과 전란시의 산성마을의 모습을 재현하여 평화와 전시의 극적 상황을 대비시킴으로 인해 관람의 흥미를 높이고 극적효과를 배가하였다. 테마의 전개는 위기에 처한 산성마을을 지키는 의병대의 호국 이야기로 평화스러웠던 산성마을이 임진왜란으로 위기가 닥치게 되자 마을 주민들은 산성의병대를 조직하여 왜군을 물리치기 위해 처절한 전투를 벌이고 마침내 왜적을 물리치고 산성마을을 수호하는 내용으로 설정하였다.

(2) 재미와 감동을 주는 프로그램

한국문화 테마파크는 16세기 조선시대 안동의 호국 산성 모습을 재현한 곳이다. 산성의 일상적인 생활모습과 더불어 전쟁시에는 나라를 위해 목숨을 바치고 평상시에는 부모에게 효도하고 후학을 가르치는 선비정신을 관객들에게 스토리텔링을 통하여 재미와 감동을 부여할수 있는 프로그램을 만드는 것이 가장 중요하다. 역사속의 시간여행에 있어서 단순한 관람자의 역할이 아닌 관람객이 시대 속의 주인공이 되어서 공연, 이벤트, 전통놀이, 음식, 치유, 숙박을 이야기 속에서 복합적으로 체험할 수 있는 프로그램을 기획하였고 전체 공간을 하나의 동선으로 연결하여 시설물간 이동시 거리 이벤트를 연출하여 관람객들에게 다양한 볼거리를 연출하였다. 각 공간별 이벤트 프로그램은 〈표6〉과 같다.

공간	주요내용
남문광장	개문시 : 대열의주(조선시대 군사의식) 폐문시 : 야조(조선시대 야간군사훈련)
성안 객주거리	공연 : 장영실과 이천의 과학이야기 체험 : 목공예, 짚공예, 도자기, 염색 거리이벤트 : 돌탑쌓기, 돈치기 등
성안 관아거리	공연 : 4D 의병영상 체험 : 감옥탈출, 수령 행렬 거리이벤트 : 사랑서약, 달걀불띄우기 등
성밖 반가마을	공연 : 연이낭자, 산대놀이 체험 : 떡메치기, 전통한과, 예절체험 거리이벤트 : 초헌타기, 물길러 보기
연무대	육상전, 수전, 미로전, 공성전 전투
개구쟁이 놀이터	민속놀이, 협동심 고취놀이
활인 심방관	한방마사지 및 족욕 체험, 활인 약선방, 전통음식, 전통약차, 전통주 식음체험
산성숲길	필드아키, 산림치유, 스토리산책

(3) 고객의 요구를 반영한 편리한 지원 시설

테마파크가 성공하기 위해서는 한 곳에서 모든 것을 해결할 수 있도록 지원시설이 갖추어져야 한다. 가장 우선적으로 체류형 관광객을 위한 숙박시설이 갖추어져야 한다. 숙박시설의 형태는 테마파크의 컨셉을 유지할 수 있도록 현대식 건축물을 지양하고 기능성과 편리성을 갖춘 한옥 호텔로 조성되어야 한다. 두 번째로 다양한 먹거리를 제공해야한다. 공연장 주변, 저잣거리, 산성숲길, 활인심방관 등 어디에서나 쉽게 먹거리를 접할 수 있도록 조성해야 한다. 세 번째로 단지내 이동을 쉽게 하기 위한 전통적인 형태를 갖춘 모노레일, 우마차, 가마, 코끼리 열차 등 이색적인 교통수단이 필요하다. 교통수단 자체가 새로운 볼거리로 재탄생되어야 한다.

(4) 집객력 향상을 위한 차별화된 마케팅

테마파크 성공의 주요한 요인 중의 하나가 마케팅이다. 아무리 좋은 시설이 만들어졌다 하더라도 관람객들이 정보를 알지 못하고 만족하지 못한다면 운영에 많은 문제가 발생한다. 따라서 관람객들이 정보를 쉽게 접할 수 있도록 언론 매체, SNS, 홈페이지 등 다각적인 방법을 강구해야 한다. 두 번째로, 찾아오는 관람객이 테마파크에 만족할 수 있도록 단순한 관람 위주에서 벗어나 오감을 만족시킬 수 있는 다양한 체험거리를 만들어 재방문이 이루어질 수 있도록 유도하고 찾아온 관람객에 의한 구전 홍보가 이루어져 다양한 계층의 관광객들이 방문할 수 있도록 해야 한다. 안동하회마을의 경우 엘리자베스 여왕 방문과 유네스코 문화유산 등재 이후로 많은 관광객이 찾아 왔지만 차별화된 전략 부재로 관광객이 서서히 줄어들고 있는 추세이다. 이는 단순한 관람에 불과하고 하회마을이 가지고 있는 전통문화를 관람객들이 직접 체험하지 못하기 때문이다 엘리자베스 여왕이 방문했을 때처럼 관람객들에게 정성이 가득 담긴 생일상을 제공하고, 전통음식을 만들어 보고, 종가의 전통문화를 직접 체험해 보는 프로그램을 다각적으로 만들어 제공한다면 지속적으로 관광객이 증가하게 될 것이다. 따라서 형식적인 공급자 중심의 마케팅에서 벗어나서 수요자 중심의 적극적인 마케팅이 테마파크 성공의 중요한 열쇠이다.

(5) 주변 문화자원과 연계한 입지 및 메시지를 전하는 공간

테마파크의 입지선정은 주변지역의 환경과 잘 어울려야 한다. 한국문화 테마파크는 이러한 관점에서 유교문화의 역사적 자원이 가장 잘 보존된 지역의 중심에 자리잡고 있다. 이 지역은 한국의 정신문화를 연구하는 한국국학진흥원, 도산서원, 이육사 문학관, 수백 년 동안 우리의 전통을 이어온 종택, 고택 등 살아서 숨쉬고 있고 수많은 문화재들이 밀집되어 있는 곳이다. 단순히 테마파크라는 작은 공간만 보기 위해서 관람객이 오는 것이 아니라 주변지역의 문화자원들이 테마파크의 방문 욕구를 배가시키게 된다. 이와 같은 여건 속에서 테마파크가 구축됨으로 인해 테마파크 자체의 공간적 한계를 극복하게 되어 경쟁력이 향상되는 것이다. 여기에 추가적으로 중요한 것은 접근성이다. 관람객들이 쉽고 빠르게 접근 가능해야 하는 것이다. 2018년 중앙선 복선 전철화로 서울에서 안동까지 1시간 10분 정도 소요되고 안동으로의 도청 이전과 함께 사통팔달의 고속 교통망이 갖추어지게 되면 전국 어디에서나 2시간 이내에 접근할 수 있게 된다.

(6) 민간주도형 사업추진 및 운영주체

사업 추진방식은 전통한옥 호텔과 음식 체험촌인 한식 풍류마당은 민간이 직접 투자하여 건설 및 운영하고, 그 외 기반시설과 공연시설, 체험시설 등은 국비 70% 지방비 30%의 재원으로 경상북도 개발공사가 위탁을 받아 공사를 추진한다. 공사 완료 후 운영 주체를 새롭게 선정하여 운영하는 방식으로 계획하였다.

테마파크를 성공적으로 운영하기 위해서는 운영 주체의 선정이 무엇보다 중요하다. 현재 안동에서 진행되고 있는 3대 문화권 문화·생태·관광 기반조성사업 전체를 추진하기 위한 주체로 한국정신문화재단을 설립하였고 하부 조직으로 한국문화 테마파크 운영 본부를 두고 있다. 테마파크의 운영은 고도의 전문성과 경험을 가진 사람이 운영해야 한다. 그렇게 하기 위해서는 재단에서 직접 운영하든 또는 외부에 위탁을 하든 가장 중요한 것은 테마파크 전문가가 우선적으로 채용되어야 한다. 테마파크 운영 전문가가 아닌 일반인이 채용되었을 경우 운영에 심각한 문제가 발생하게 된다. 이와 같은 문제를 미연에 방지하기 위해서는 초기의 인적 구성이 무엇보다 중요하다.

(7) 지역문화자원 연계 및 주민참여

테마파크가 주변지역과 연계되지 않으면 지역경제 활성화의 당초 목적을 달성하는 데 많은 문제가 야기된다. 따라서 핵심 집객시설인 테마파크를 주변지역 자원과 연계시키는 것은 무엇보다 중요하다. 세계유교문화 컨벤션센터, 세계유교문화박물관, 국학진흥원, 산림과학박물관, 선비수련원, 이육사 문학관, 고택, 종택, 예던길 등을 찾는 수많은 관광객들이 테마파크를 찾을 수 있도록 만들어 주고 테마파크를 찾는 관광객이 주변 시설을 관람할 수 있도록 원스톱 통합시스템을 만들어야 한다. 또한 테마파크 운영과 관련하여 주민들이 직접 참여하고 친환경 농산물을 직접 공급하는 시스템을 구축해야 한다. 전통공예, 공연, 이벤트 프로그램에 주민이 직접 참여함으로 인해 주민소득 증가는 물론이고 테마파크의 효율적인 운영에도 기여하게 된다. 만약 지역 주민들을 고용하지 않고 외부 전문가를 영입해서 운영하면 인건비 부담의 가중으로 테마파크 운영에 심각한 영향을 미치게 될 것이다. 이와 같은 문제를 미연에 방지하기 위하여 주민들이 참여할 수 있도록 철저한 사전교육과 준비가 선행되어야 한다.

(8) 시장세분화 전략에 따른 타깃 설정

노인들의 사회적 참여가 높아지고 인구구조가 변화됨에 따라 노인과 가족단위 방문객이 급증하고 있는 추세이다. 이와 같은 상황에서 국내 관광객은 주중에는 학생 단체, 노인 단체를 중심으로, 주말에는 가족단위 관광객을 타깃으로 설정하고 국외 관광객은 우선적으로 유교문화의 본향인 중국 산동성의 관광객을 타깃으로 설정하여야 한다. 중국은 유교문화의 본향이지만 문화혁명 이후 유교문화의 전통이 모두 사라진 상태이기 때문에 중국 선조들의 생활모습을 한국문화테마파크에서 볼 수 있다는 것을 부각시키면 많은 관광객들이 한류 열풍에 더불어 방문을 하게 될 것이다. 시장 세분화 전략에 의한 타깃 설정은 〈표7〉과 같다.

〈표 7〉 타깃 방문객

타 깃		이용시기
학교 및 교육기관	유치원 초등학생	주중, 학기중
		주중, 학기중
	외래관광	당일관광
		숙박관광
유교문화 관련 단체		주말, 연휴, 방학중
가족 및 일반 그룹		주말, 연휴, 방학중
컨벤션 참가자 그룹		주말, 주중
외국인 단체 시장(중국 등)		주말, 주중

(9) 수요예측

한국문화테마파크 이용객 수요 분석은 일반관광시장(국내관광, 외래관광)과 학생단체 시장으로 분류하여 당일관광과 숙박관광으로 수요를 예측하여 보았다. MICE시장과 기업연수 시장은 한국문화테마파크에 인접한 컨벤션센터의 이용 고객을 테마파크의 잠재적 이용 고객으로 예측하였다, 구체적인 결과는 〈표 8〉과 같다.

〈표 8〉 수요예측

구분			방문객수(명)	비율(%)
일반관광시장	국내관광	당일관광	115,899	77.3%
		숙박관광	335,156	
	외래관광	당일관광	2,134	
		숙박관광	1,423	
학생단체시장	학생교육 체험	당일관광	55,692	16.2%
		숙박관광	39,363	
MICE 시장 (컨벤션센터)	유교 MICE		6,687	5.2%
	일반 MICE		24,000	
기업연수시장	기업체 연수		7,680	1.3%
계			588,034	100.0%

7. 결론

　본 연구는 한국문화테마파크를 사례로 역사·문화 테마파크의 개발 모델 설정을 시도하였다. 이를 위해 테마파크와 관련된 문헌연구, 테마파크 개발현황 및 여건과 관련된 실증 연구, 국내외 역사·문화 테마파크 개발사례 조사를 위한 현장방문 연구, 국내외 테마파크 운영자 및 전문가 면담 조사 등을 실시하였다. 성공적인 테마파크를 만들기 위한 개발 모델 설정 과정은 ① 지역 및 테마파크의 현황, 장래동향, 및 제약요건을 분석한 다음 재발과제와 목표설정을 하고, ② 기본전략 및 개발조건을 명확하게 정의한 다음 개발 기본 구상에 들어가게 된다. ③ 개발 기본구상에 대해 전문가·운영자·관계자 등의 자문과 문제점을 분석을 통해 조정 과정을 거치고, ④ 경제적 파급효과·소요예산·환경영향분석 등의 분석을 바탕으로 개발정책수단 및 성공요소를 도출한 후 개발계획을 수립해야 한다. 본 연구에서 도출된 성공요소로는 정체성과 일관성 있는 테마 설정, 재미와 감동을 주는 프로그램, 고객의 요구를 반영한 편리한 지원시설, 집객력 향상을 위한 차별화된 마케팅, 주변문화자원과 연계한 입지 및 메시지를 전하는 공간, 민간주도형 사업 추진 및 운영주체, 지역문화자원 연계 및 주민참여, 시장세분화 전략에 다른 타깃 설정, 수요예측이다.

　이러한 개발 모델이 성공할 수 있도록 한국문화테마파크를 중심으로 구체적인 실행방안을 모색하였다.

　한국문화테마파크는 16세기 산성마을의 생활 모습을 재현한 테마파크로 역사·문화의 독특한 스토리텔링 구조를 갖추고 그것을 뒷받침하는 이색적인 건축물, 어트랙션, 공연, 이벤트, 식음료, 기념품, 숙박시설 등을 통해 다양한 재미와 행복감을 제공해 주는 공간으로 조성하는 것으로 계획하였다. 새롭게 설립한 한국정신문화재단이 운영 주체가 되어 주변지역의 문화 자원과 인적 자원을 적극적으로 활용하는 방안으로 운영 방향을 정립하였다. 또한 수요자 중심의 차별화된 마케팅을 위해 테마파크의 핵심시설인 전통극 공연장, 설화극장, 의병체험관, 산대극장, 연무대는 관광객들이 직접 참여하는 공연으로 진행하여 재미와 감동을 배가시키는 것으로 계획하였다.

한국에서 유일한 조선시대 역사·문화 테마파크인 한국문화테마파크는 다른 테마파크의 모델로서의 역할뿐만 아니라 안동을 중심으로 한 유교문화의 생활화·산업화·세계화의 전진기지로서의 역할을 충실히 수행할 수 있을 것이다. 그러나 초기에 아무리 좋은 시설물을 만들어 놓았다 할지라도 관광객의 패턴과 시대의 흐름에 따라 지속적인 변화를 시도하지 않으면 집객력에 큰 문제로 작용하여 무용지물이 된다는 것을 명심해야 한다. 따라서 운영주체는 테마파크를 성공적으로 운영하기 위해서는 끊임없는 피드백으로 관람객들의 기호에 적극 대처해야 한다.

지방자치단체에서 테마파크 개발 목적 중 가장 중요한 것이 지역경제 활성화 부분이므로 경제성 분석이 무엇보다 중요하다. 테마파크가 조성되었지만 지역경제에 영향을 미치지 못하고 애물단지로 전락해서는 안 되기 때문에 생산 유발, 소득 유발, 부가가치 유발, 고용 유발 효과 등을 심층적으로 분석해야만 완벽한 모델이 될 수 있으므로 향후 이에 대한 연구가 보강되어야 한다.

‖ 참고문헌 ‖

[자료]

지역균형개발 및 중소기업지원에 관한 법률

신발전 지역 육성을 위한 투자촉진 특별법

관광진흥법

[논문 및 단행본]

고석규, 「해양 영웅을 소재로 한 테마파크 개발사례연구」, 『도서문화』 제33집, 목포대 도서문화 연구원, 2009.

곽경희, 「체험 마케팅과 스폰서십마케팅」, 『한국콘텐츠학회논문지』 vol.12 no.11, 한국콘텐츠학 회, 2012.

김국선·윤종현, 「캐릭터 마케팅을 활용한 국내 테마파크에 관한연구」, 『한국공간디자인학회 논문집』 제5월 4호, 한국공간디자인학회, 2010.

김윤근, 「홍길동 테마파크 활성화 방안」, 전남대 석사논문, 2012.

김창수, 『테마파크의 이해』, 대왕사, 2007.

김희진, 『일본의 테마파크 사례와 전략』, 커뮤니케이션북스, 2007.

서천범, 『레저백서』, 한국레저산업연구소, 2014.

유동환, 한국문화르네상스 프로젝트 '한문화테마파크' 연구용역, 경북테크노파크, 2008.

차락근, 「테마파크 개발전략에 관한 연구」, 명지대 박사논문, 1996.

Fontanille, Jacques, *Espace du sens : Morphologies spatiales et structures semiotiques*, Internet, 1990.

[DB자료]

http://www.puydufou.com

http://www.edowonderland.net

http://www.smpark.co.kr

http://www.tour.go.kr/

히스토리핀을 활용한 전주한옥마을의 근현대 기억 디지털 아카이브 구축 방안

최아름 · 유동환

1. 머리말

전주한옥마을은 한국의 근현대 한옥이 군락을 이루고 있는 유일한 도심 속 주거지로, 자연적으로 형성된 마을이다. 1900년대 초 일본인들이 전주에 거주하기 시작하면서 점차적으로 전주의 최대 상권을 차지해 나갔고, 한국인들은 이런 일본인들의 세력 확장에 반발해 1930년을 전후로 교동과 풍남동 일대에 한옥촌을 형성했다. 이러한 역사적 배경은 전주한옥마을에 조선시대부터 근대, 현대까지 이어지는 전통한옥과 한 · 일 절충형 가옥, 일식가옥 등이 공존할 수 있는 환경을 조성했고, 가옥을 중심으로 주민들의 생활문화가 형성되는 계기를 마련해주었다.

전주한옥마을에 남아있는 83곳의 주민편의시설은 주민들의 생활문화가 한옥마을 안에서 어떻게 형성되었는지를 보여주는 근현대 문화유산이다. 주로 학원, 꽃집, 서점, 문구점, 한약방, 한의원, 약국, 병원, 부동산, 한복집, 여행사, 종교시설, 이미용실, 목욕탕, 수선집, 양복집, 표구사 등으로, 전주한옥마을이 주민생활의 터전임을 보여주고 있다.[1] 주민들은 도심 속 한옥촌이라는 특수한 공간을 생활터전으로 삼으면서 전주 도심의 유일무이한 독특한 지역 정체성을 형성했다. 전주한옥마을의 문화콘텐츠를 언급하는데 있어 주민과 주민들의 기억을 배제할 수 없는 이유 중 하나이다.

하지만 최근 들어 상업화·관광화가 빠르게 진행되면서 이곳에 존재하고 있던 주민들의 생활문화 잔재들이 상업적인 현대적 산물들로 대체되거나 사라지고 있고, 이로 인해 전주한옥마을을 기억하는 기억의 주체가 원주민에서 이주민, 이주민에서 관광객으로 옮겨가고 있다. 그렇다보니 전주한옥마을의 과거를 기억하고 있는 원주민들의 기억은 점차 사라져 가고 있는 반면, 새로 유입되는 사람들과 이곳을 관광 목적으로 방문하는 사람들의 기억은 새롭게 들어서는 시설물들과 함께 지속적으로 더해지고 있다. 이처럼 현재 전주한옥마을의 근현대 기억은 과거 주민들이 방문하고 이용했던 장소들과 이곳에 오랫동안 거주해온 원주민들, 그리고 현재 새롭게 생성된 장소들과 이주민 및 방문객들의 기억들로 혼재되어 있는 상황이다.

그러나 시간이 흐름에 따라 원주민들이 지니고 있는 기억들은 원주민들의 이탈이나 고령화 현상으로 빠르게 사라지면서 현재의 기억이 과거

---

1   전주문화재단, 「전통문화중심도시 조사·기록화 기반 통합 콘텐츠 지원사업 백서」, 2013, 21쪽.

의 기억을 대체하는 순간이 오고 있다. 이런 상황에서 아카이브화 되지 않은 기억은 역사 속에서 사라질 수밖에 없다. 지역의 경우에는 지역의 역사가 사라짐과 동시에 지역의 정체성에 혼란이 오게 된다. 그렇기 때문에 지역사회에서는 대체로 관주도로 특정 지역에 대한 주민들의 기억을 기록하는 사업들을 진행하여 아카이브화 하고 있다. 전주한옥마을 역시 주민들의 기억을 구술로 채취하여 기록하는 작업이 몇 차례 진행이 된바 있다.[2] 하지만 이러한 사업들 대부분이 일회성에 그치고 있어 지속가능하지 않고, 사람들의 자발적인 움직임이 아니기 때문에 참여도가 저조할 뿐만 아니라 관주도의 경우에는 외부자의 시각이 개입될 여지가 있다는 문제를 안고 있다. 또한 디지털 아카이브가 아닌 경우에는 기록물에 대한 접근성이 떨어지기 때문에 자료의 공유가 원활하게 이루어지지 않는다. 설문원[3]에 따르면 로컬리티 기록화는 지역에 토대를 둔 행위주체들의 다양한 활동과 이에 따른 지역의 변화를 보여주는 기록을 수집·생산하는 작업이다. 그는 이러한 작업을 위해서는 우선 그 지역의 로컬리티가 무엇인지를 규명할 필요가 있는데, 로컬리티는 지역 정체성의 다른 이름이라고 볼 수 있으며 정체성은 지역에 기반을 둔 다양한 집단과 개인들이 주체적으로 형성해 나가야 한다고 언급했다. 또한 로컬리티 기록화 전략의 성패는 지역 내부 집단과 개인의 참여 정도에 달려 있다고도 할 수 있다[4]고 말했다. 이를 전주한옥마을에 적용해 보면,

---

2 2008년 전주시와 전북대 BK21사업단에서 전주한옥마을의 옛 이야기, 주민 생활사 등을 기록한 사업 보고서『전주한옥마을 구술열전』, 전주문화재단 문화지원사업으로 진행된 발간물『전주한옥마을 자서전』등이 있다.

3 설문원,「로컬리티 기록화를 위한 참여형 아카이브 구축에 관한 연구」,『한국기록학연구』제32호, 한국기록학회, 2012, 5쪽 재인용; 설문원,「디지털 환경에서의 로컬리티 기록화 방법론 연구」,『한국기록관리학회지』제11권 제1호, 한국기록관리학회, 2011, 207∼230쪽.

전주한옥마을의 근현대 기억을 수집하고, 아카이브화하는 작업은 전주
한옥마을의 정체성을 보여주는 일련의 과정으로, 이 과정을 수행해 나
가는데 있어서 참여 집단의 자발성과 주체성이 우선시되었을 때 기억의
아카이브화가 성공적으로 행해질 수 있다.

이에 본 논문에서는 전주한옥마을의 근현대 기억을 수집하고 활용하
는데 있어 디지털 아카이브의 일환 중 하나인 히스토리핀(Historypin)[5]의
역할과 특징에 주목했다. 히스토리핀은 장소를 기반으로 자발적인 집단
지성의 기억을 공유하기 때문에 장소와 관계되는 기억의 수집 주체와
내용의 다양성을 추구할 수 있고, 온라인상에서 공유되는 디지털 아카
이브라는 점에서 시간과 장소에 상관없이 접근이 용이해 참여가 자유롭
다. 그렇기 때문에 이러한 이점이 전주한옥마을의 근현대 기억을 수집
하고 아카이브화하고 활용하는데 있어서 디지털 아카이브의 유용한 도
구 중 하나로써 어떠한 역할을 수행할 수 있는지 살펴보고자 한다.

2. 디지털 아카이빙 대상 및 필요성

1) 기억의 수집 대상 및 내용

사물은 시간을 고정시킨다.[6] 여기서 사물이라 함은 추억이 담긴 장
소, 개인 소장품, 자연물 등이 될 수 있는데, 우리는 이를 통해 사물에

---

4   설문원, 위의 글, 5쪽.
5   히스토리핀 홈페이지 : http://www.historypin.org.
6   이-푸 투안, 구동회 · 심승희 역, 『공간과 장소』, 도서출판 대윤, 1995, 299쪽.

깃들어 있는 과거를 기억하고, 이 기억들을 재구축한다. 문창현[7]에 따르면, 전주한옥마을은 전주시의 많은 공간 중에서도 한국의 근현대사와 전주시의 역사적 정체성이 압축되어 있는 전통생활문화사 박물관으로서의 가치를 지니고 있으며, 전주시의 지역정체성을 가장 잘 표현하고 있는 공간이다.[8] 백제의 마지막 수도이자 조선왕조의 발상지인 전주 도심권에는 전주한옥마을을 중심으로 하여 후백제와 조선시대, 근현대문화유적지가 혼재해 있기 때문에 이 공간은 전주시 역사의 오랜 역사적 잔재들이 집약되어 있는 박물관으로서 그 역할을 수행하고 있다고 볼 수 있다. 하지만 전통생활문화사 박물관으로서의 가치를 지니고 있는가에 대해서는 마을 내에서 살아가는 사람들의 삶과 문화가 얼마나 잘 보존되고 공유되고 있는지 우선적으로 살펴볼 필요가 있다.

전주한옥마을에는 2013년 기준 729세대, 총 1,534명(남738명, 여796명)이 거주하고 있다. 이는 2008년 대비 인구수가 805명(감소율 34.4%) 감소한 수치로, 한옥마을의 인구 및 세대수가 지속적으로 감소하고 있음을 알 수 있다. 반면 전주한옥마을을 방문하는 관광객은 2006년 이후 연간 백만 명을 넘어섰고, 2013년에는 약 5배가 증가한 508만 명에 이르렀다. 이 같은 통계수치는 전주한옥마을의 생활문화가 주민 중심에서 관광객 중심으로 옮겨가고 있음을 대변하고 있다고 볼 수 있다. 관광객의 급격한 증가로 인해 마을 내에 이들의 편의를 고려한 새로운 시설이 조성되고, 주민들이 거주하던 한옥은 숙박시설로 개조되고 있다.[9] 이에

---

7   문창현, 「전통문화구역의 관광명소개발이 지역주민에 미치는 영향─전주한옥마을을 중심으로」, 『관광연구저널』 제22권 제1호, 대한관광경영학회, 2008.
8   위의 글, 35쪽.
9   전주문화재단, 「전통문화중심도시 조사·기록화 기반 통합 콘텐츠 지원사업 백서」, 2013, 21~22쪽. 내용에 따르면 전주한옥마을 내 영업시설 204곳 중 91개의 이전용도는 일반주택(약 45%)

따라 주민들의 생활문화도 점차 관광객들과 공유하는 형태로 변화되고 있다. 주민들은 자신들의 기억과 문화를 자신의 집에 거주하는 관광객들에게 전해주고, 관광객들은 주민들이 운영하는 한옥에서 1박 2일 동안 머물면서[10] 시설을 이용하고, 콘텐츠를 즐기면서 그들만의 기억과 이야기를 만들어낸다. 〈표 1〉은 주민들이 지니는 기억의 대상과 관광객들이 지니는 기억의 대상을 구별해 놓은 것이다. 주민과 관광객은 한옥이라는 주거 공간을 매개로 한옥체험 및 다양한 체험 프로그램의 기억을 공유하고 함께 만들어 간다. 그 외의 기억은 주민과 관광객이 한옥마을에서 추구하는 목적이나 활동영역에 따라 공유가 되기도 하고 그렇지 않기도 한다. 또한 주민의 기억도 현재의 기억은 원주민과 이주민이 공유하고 있을지라도, 근대의 사라져버린 대상에 대한 과거 기억은 원주민들만 지니고 있다는 점에서 차이를 보인다.

기억의 대상의 차이는 기억의 수집 방식에도 영향을 끼친다. 디지털에 익숙하지 않은 구세대들의 기억은 구술사를 통해 수집되지만, 신세대들의 기억은 디지털화된 모든 것들을 통해 수집된다. 주민들, 특히 원주민들의 기억은 주로 전주시나 전주문화재단과 같은 지역 내 시설이나 행정기관 등을 중심으로 기록화 사업이나 이야기자원 발굴 사업의 일환으로 수집되었다. 반면 방문객들의 기억은 블로그나 인터넷 뉴스, 카페 등 인터넷을 중심으로 수집되고 공유가 이루어지고 있다.[11]

으로 가장 많은 비중을 차지한다. 또한 전주한옥마을 내 숙박시설 76개 중 69개(90.8%)가 현재 실제 한옥마을에 거주하고 있다고 응답했다.

10　위의 책, 32쪽, 한옥마을 체류기간 설문에 대한 통계 분석을 살펴보면, 방문객들의 한옥마을 체류기간은 1박 2일(83.7%)이 압도적인 비율을 차지하고 있다.

11　전주문화재단, 「전통문화중심도시 조사·기록화 기반 통합 콘텐츠 지원사업 백서」, 2013, 31쪽.

〈표 1〉 주민과 관광객의 기억 대상

주민		관광객
원주민	이주민	
한옥(숙박), 한옥체험 프로그램		
사라져버린 (근대)과거의 사물/건물/경관/ 인물/사건	이주 이후 변화된 삶과 문화	먹거리, 역사문화유적 문화시설, 체험시설 카페/음식점, 공방, 축제
주민 생활(의식주, 관습 등) 마을의 역사/전설/인물/이야기		

앞의 수집물은 대부분 보고서나 책의 형태로 만들어져 일반인들이 그 기억을 공유하기가 어렵지만, 온라인의 경우는 시간과 공간의 제약 없이 접근이 가능하기 때문에 그 기억을 공유하기가 쉽다. 이렇게 서로 다른 방식의 수집과 공유는 전주한옥마을에 대한 근현대 기억의 수집과 보존에 있어 체계적이지 않고, 기억의 방향이 한 쪽으로 치우칠 수 있다는 한계를 지니고 있다. 그렇기 때문에 이전의 기억과 현재의 기억이 보다 체계적으로 수집될 수 있도록 모든 사람들이 접근 가능하여 함께 공유할 수 있는 아카이브를 구축할 필요가 있다.

2) 디지털 아카이브의 필요성

기억은 도서관과 같다. 종목들은 코드 체계에 따라 라벨이 붙여지고 저장된다. 라벨이 주어지면 회상이 일어나고 이와 함께 해당 종목이 찾아진다. 라벨이 붙여지지 않았거나 후에 라벨이 망가졌거나 또는 그 종목이 잘못 정리되었다면, 그 종목은 잃어버리게 된다.[12] 이러한 기억을 체계화하기 위해서는 데이터의 디지털화가 필요하다.

디지털 아카이빙(Digital Archiving)은 컴퓨터 파일의 일시적인 백업이나 데이터를 정리·통합하여 처리 가능한 형태로 만든 정보파일 내지 그 집합체를 일컫지만, 좀 더 구체적으로는 디지털 객체를 장기적으로 저장·유지·접근시키는 시스템으로 정의내릴 수 있다(RLG / OCLC Working Group 2002)[13] 김명훈에 따르면, 디지털 아카이빙은 단지 가상의 컴퓨터 저장소나 웹사이트 개념이 아닌, 디지털 개체를 장기적(Long-term)으로 보존함과 아울러 이를 통해 지속적인 활용성 제고를 진작시키는 방안으로, 컴퓨터 기술뿐만 아니라 제도·인력·기관 간의 협력 등이 전제되어야 하는 하나의 집합적 협력 체제이다. 그렇기 때문에 지역 내에서 디지털 아카이브 구축이 원활하게 이루어진다는 것은 지역의 주민과 지역 시설 및 기관, 관 등의 협력이 잘 이루어지고 있다고 볼 수 있다. 이런 점에서 지역에서의 디지털 아카이브 구축은 단순히 자료를 디지털화한다는 의미보다는 지역 내 민관과 관련 시설 및 기관들의 협력체계를 구축한다는데 더 큰 의미가 있다고 보여 진다. 그리고 이러한 의미의 확장은 디지털 아카이브 구축을 시행하는 주체와 참여자가 누구인지에 따라 더 확장이 될 수 있다. 또한 참여자의 자발성과 적극성에 따라 콘텐츠의 질이 결정될 수 있는 만큼 도구의 선택은 디지털 아카이브 구축에 앞서 고려될 필요가 있다.

최근에는 디지털 기술의 발달로 정보의 수집과 공유, 보존과 활용이 다

---

12   윤택림, 『구술사, 기억으로 쓰는 역사』, 아르케, 2010, 56~57쪽.
13   김명훈, 「디지털 구술 아카이빙에 관한 연구」, 『구술사연구』 제4권 1호, 한국구술사학회, 2013, 9쪽.

양한 형태로 이루어질 뿐만 아니라 디지털 아카이브의 도구와 틀도 그 종
류가 다양해지고 있기 때문에 정보의 내용에 따른 도구적 선택이 중요하
다. 무엇보다 빅데이터 시대가 도래 하면서 보다 효과적이고 체계적인 데
이터의 수집과 보존, 활용의 방법이 무엇이고, 이를 가능하게 할 도구는
무엇인지에 대한 관심도 증대되고 있는 만큼 디지털 아카이브의 필요성
제기와 함께 새로운 도구들에 대한 연구도 함께 이루어질 필요가 있다.

3. 히스토리핀을 활용한 디지털 아카이브 구축 방안

1) 히스토리핀의 기능과 특징

히스토리핀(Historypin)[14]은 구글 지도를 기반으로 지도 위에 특정 지
역과 관련된 사진, 음성, 동영상 콘텐츠를 업로드하고 공유하는 디지털
아카이브이다. 사용자가 손수 제작하는 디지털 아카이브이기 때문에
사용자는 자신들의 경험요소를 바탕으로 사진, 음성, 동영상과 함께 관
련 정보[15]와 이야기를 자유롭게 온라인 지도에 등록할 수 있다. 이렇게
수집된 개개인이 지니고 있는 다양한 기억의 산물들은 지도 위에서 특
정 시간과 장소의 역사를 형성한다. 지도는 역사를 표현하는데 유용한
표현 매체이다.[16] 지도 위에 형성된 역사들은 〈그림 1〉과 같이 집단 지

---

14   History(역사)와 Pin(고정)이라는 단어를 결합한 히스토리핀은 2011년 7월 영국 런던에 있는 We
      Are What We Do라는 비영리 회사가 히스토리핀 웹사이트와 어플을 런칭하였다. 최근에는 사명
      을 Shift로 변경하였다.
15   타이틀, 날짜, 지정학적 위치, 장소에 대한 일반적인 묘사 등 메타데이터 요소들을 포함한다.

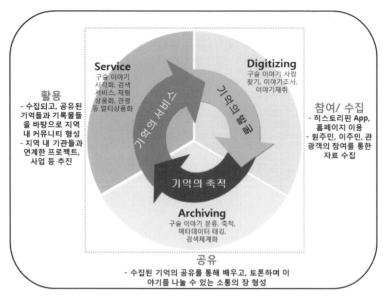

<그림 1> 히스토리핀을 통한 기억의 수집과 활용의 단계적 접근

성의 힘에 의해 한 곳에 모여 거대한 이야기를 생성하고, 아카이브화 과정을 거쳐 콘텐츠로 활용되는 단계적 접근이 이루어진다.

히스토리핀의 가장 큰 특징 중 하나는 장소 기반 데이터를 사용자 인터페이스로 전환한다는 점이다. 장소 정보를 이용함으로써 정보 관리자들은 거리 전경을 볼 수 있는 디지털 지도 위에 아카이브 이미지들을 고정시킬 수 있고, 사용자들은 장소, 건물, 주민들의 현재와 과거 모습을 비교해 볼 수 있다. 이러한 정보들은 디지털 전시를 관장하고, 슬라이드 쇼로 콘텐츠를 전시하거나 도보 투어를 기획하는 등의 활용이 가능하다.[17] 또한 영상과 음성은 이미지만으로는 재현하기 힘든 생동감

---

16   김상철·윤유석·정선애·윤나리·권윤경, 「문화지도—지도를 매체(media)로 한 문화의 이해
      와 표현」, 『글로벌문화콘텐츠』 통권 제1호, 글로벌문화콘텐츠학회, 2008, 169쪽.

을 전달해 줌으로써 박재된 기억의 유산이 아닌 살아 숨 쉬는 유산을 재현 또는 재생산해내고, 이를 간접적으로 체험할 수 있게 해준다. 이는 디지털 문화유산의 가치사슬과 유사한 단계적 접근이다.

히스토리핀의 또 다른 특징은 지역사회에서 행해질 때 가장 큰 힘을 발휘한다[18]는 점이다. 히스토리핀은 지역사회 내 다양한 기관, 특히 박물관, 도서관, 아카이브 시설, 학교 등과 연계하여 지역 내 커뮤니티 그룹이나 주민들의 참여를 유도한다. 주로 상호 세대 간의 의미 있는 시

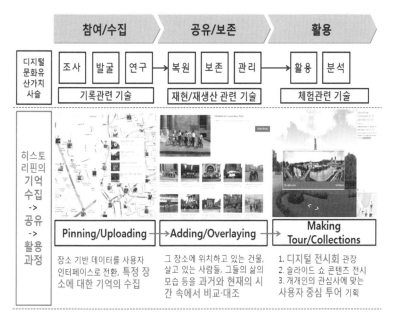

〈그림 2〉 디지털 문화유산 가치사슬과 히스토리핀의 기억 수집→공유→활용 과정

17　Baggett, M. and Gibbs, R., Historypin and Pinterest for Digital Collections : Measuring the Impact of Image-Based Social Tools on Discovery and Access, *Journal of Library Administration*, Vol.54 No.1, 2014, p.15.

18　Armstrong, N., Historypin : Bringing Generations Together Around a Communal History of Time and Place, *Journal of Intergenerational Relationships*, Vol.10 No.3, 2012, p.295.

간을 보낼 수 있는 이벤트 운영, 각각의 개인들이 지니고 있는 가치 있는 개인사나 기억들의 공유의 장 마련, 지역 내 기관들과 가정, 주민들, 지역 커뮤니티 간의 긍정적인 관계망 형성, 그룹 내 원활한 소통과 사회적 대인관계 기술 증진, 그룹의 지역 활동가 역할 전환과 같은 목적으로 히스토리핀을 활용하기 때문에 지역사회의 박물관, 도서관, 아카이브, 커뮤니티 그룹, 주민들과 함께 프로젝트나 이벤트를 수행하는데 있어 매우 유용한 도구가 되고 있다.

2) 디지털 아카이브 구축 방안

전주한옥마을의 근현대 기억을 수집하고 활용하는데 있어 앞서 살펴본 히스토리핀의 기능과 특징은 전주한옥마을에 대한 기억의 주체들을 중심으로 지역사회와 함께 '근현대 기억의 수집과 활용(가제)' 이라는 프로젝트를 수행하는 도구적 측면에서 활용이 가능하다. 히스토리핀은 프로젝트에 따라 테마를 구성하는 기억의 내용과 콘텐츠들이 다르기 때문에 프로젝트에 맞는 특정 활동에 초점을 둔 모델을 창조하는 작업이 필요하다. 그렇기 때문에 전주한옥마을의 경우에도 '근현대 기억의 수집과 활용' 이라는 특정 활동에 초점을 두고 근현대 기억을 수집할 수 있는 모델을 창조할 필요가 있다.

히스토리핀을 통한 근현대 기억의 수집은 개인 작업 또는 프로젝트 작업으로 진행할 수 있는데, 지역 단위의 활용은 대체로 프로젝트 중심으로 진행 된다. 히스토리핀 홈페이지에서 Projects 메뉴를 클릭하게 되면 현재 진행되고 있는 다양한 프로젝트들을 살펴볼 수 있고, 진행하고자 하는 프로젝트도 생성할 수 있다.[19] 프로젝트 주제가 담긴 페이지가 생성이 되면, 주제에 관한 간략한 설명과 함께 주제에 관련된 콘텐츠를 공유할 수 있는 장이 마련된다. 사람들은 이 페이지를 통해 자신들이 지니고 있는 기억의 산물을 사진, 영상, 음성녹음 3가지 콘텐츠를 통해 데이터화할 수 있다.

〈표 2〉 콘텐츠별 수집 내용 예시

사진	영상	음성
주민들이 간직하고 있는 사진 관광객들이 찍은 사진 지역 기관에서 보관하고 있는 사진 및 자료	방송, 광고 등 미디어 제공 영상 사람들이 제작한 자체 영상	원주민 구술사 주민/관광객 인터뷰 영상이 제작되기 이전의 녹음물

각각의 콘텐츠를 업로드할 때에는 이와 관련된 메타데이터 요소들도 기록해야 한다. 이 과정에서 사람들은 콘텐츠와 관련하여 하고자 하는 이야기를 자유롭게 작성할 수 있다. 이렇게 업로드된 콘텐츠와 이야기는 지도 위의 특정 장소에 피닝이 되고, 그 장소에 대한 기억을 지니고 있는 사람들뿐 아니라 그렇지 않은 사람들도 클릭해 봄으로써 다수의 기억이 공유된다. 이 기억은 메타데이터에 입력된 정보에 따라 시간별, 장소별, 세부 주제별로 나눠 살펴볼 수 있다. 또한 공유된 기억은 콜렉션(Collections), 갤러리(Gallery), 투어(Tours), 슬라이드 쇼(Slideshow), 코멘트(Comments), 이벤트(Event) 등 추가 메뉴를 통해 재구성되기도 한다. 이러한 기능은 지역사회의 축제, 이벤트, 전시, 관광 등에 접목 시킬 수 있는

---

[19] 주제를 선정한 후, get in touch를 클릭한다. 주제에 맞는 파트에 연락을 취하면 특정 주제에 맞는 프로젝트 페이지가 생성된다.

유용한 자원으로도 활용해 볼 수 있다.

하지만 활용에 앞서 '전주한옥마을의 근현대 기억의 수집과 활용' 프로젝트에 히스토리핀을 접목하는 과정적 이해가 수반되어야 한다. 첫째, 근대의 기억을 지니고 있는 주민들의 데이터를 구축하여 그들의 기록물을 수집한다. 둘째, 현대의 기억을 지니고 있는 주민들, 이주민들의 데이터를 구축하고 그들의 기록물을 수집한다. 셋째, 수집된 자료들을 디지털로 전환하고 콘텐츠화 하는 작업을 진행한다. 이때 주민들과 콘텐츠 전문가, 자원봉사자 등이 함께 공유할 수 있는 장을 마련하여 테마를 구성한다. 넷째, 공유된 콘텐츠들은 히스토리핀을 활용하여 테마별로 아카이브화 한다. 다섯 째, 전주한옥마을 방문객들의 참여를 유도하여 그들의 기억을 수집한다. 여섯 째, 지속적인 기억의 수집과 활용을 위해 지역사회의 기관, 단체, 학교 등과 네트워크를 형성하여 다양한 문화·관광 프로그램을 운영한다. 이러한 과정의 원활한 운영과 지역민들의 적극적 참여와 협조를 유도하기 위해서 초기에는 히스토리핀에 대한 이해를 돕기 위한 교육 프로그램을 운영하거나 주민들의 기억의 산물을 수집하기 위해 필요한 전문가·자원봉사자 등 인력을 모집하는 일련의 작업이 필요하다. 히스토리핀은 프로젝트와 도구가 결합되어 있는 형태이기 때문에 히스토리핀에 대한 이해도가 높아지고 숙련이 되면 자발적인 참여 유도가 가능하므로 일정 단계에 이르기까지는 지역사회 내의 기관, 단체, 학교 등의 협조가 필요하다. 또한 이들과의 연계를 통해 주민들과 방문객들의 기억을 수집하고 공유하고 보존하는 단계에서 끝나는 것이 아니라 추후 콘텐츠 전문가들과의 만남을 통해 적극적으로 활용할 필요가 있다.

4. 맺음말

히스토리핀은 기억의 수집과 공유, 활용을 하는데 있어서 주민들과 방문객들의 살아있는 기억을 수집하고 활용할 수 있는 유용한 도구로서 가능성을 지니고 있다. 하지만 아직 국내에서는 히스토리핀을 적극 활용하고 있지 않기 때문에 이를 활용한 프로젝트가 거의 전무하고, 대부분 해외 사례로서 그 결과와 가능성이 평가되었기 때문에 국내에 적용 시 예상치 못한 한계에 부딪힐 수도 있다는 어려움이 있다. 국내에 피닝된 지역들을 살펴보면 대략 16군데 정도 되며, 전라북도 지역에서는 무주군이 유일하다. 대부분의 자료들은 지역사회 내에서 프로젝트의 일환으로 수집된 것이 아닌 개인들이 소장하고 있는 사진 자료들을 개인이 업로드한 것이다. 그렇기 때문에 자료들 간의 통일성이 없고, 각각의 사진들을 하나의 테마로 엮기에 어려움이 있다.

하지만 앞서 히스토리핀의 기능과 특징에서도 살펴봤듯이 히스토리핀은 지역사회 내에서 다양한 역할 수행이 가능하고, 특정 공간과 장소에 대한 주민들의 기억을 수집하고 아카이브화 하는데 있어서 접근성을 높이고 자발적인 참여를 유도할 수 있다는 점에서 다른 디지털 아카이브에 비해 긍정적이다. 대부분 관주도로 진행되는 디지털 아카이브는 내용물이 박제된 박물관용 콘텐츠로 구성되는 경우가 많고, 한 번 구축된 아카이브의 내용은 변경이나 추가가 어렵지만, 히스토리핀은 시스템이 아닌 기억을 공유할 수 있는 장을 마련해주는 것이므로 지속적으로 콘텐츠의 내용물을 변경하거나 추가하는 작업이 가능하다. 또한 내용의 범주도 건축물, 문화유산 등과 같이 보이는 것에만 치중되는 것이 아니라 주민들의 삶과 문화, 관광객들의 체험과 기억 같이 무형물에 대한 것들도 기록이 가능하기 때문에 이것을 바탕으로 전주한옥마을의 창조 관광을 이끌 수도 있다.

이에 본 논문은 히스토리핀을 활용한 디지털 아카이브 구축 국내형 모델 개발 연구에 있어 전주한옥마을을 하나의 사례로서 그 가능성을 살펴보기 위해 연구되었다. 하지만 국내 사례가 없는 상황에서 본 연구가 진행되었기 때문에 구체적인 실행 프로세스를 제시하지 못했다는 점에 대해서는 아쉬움이 있다. 그렇기 때문에 추후에 히스토리핀을 이용한 해외 프로젝트들을 분석하는 기초 연구, 적용 가능한 지역의 선별, 국내형 모델을 개발하는데 있어 추가적으로 보완되어야 할 조건들 등에 대한 체계적인 연구가 더욱 더 필요하다. 이에 본 연구 이후 이와 관련된 연구가 지속적으로 진행되어 히스토리핀을 통해 전주한옥마을의 근현대 기억을 수집하고 다양한 콘텐츠로 활용할 수 있는 방안들에 대해 진전된 논의가 이루어질 수 있는 장이 마련될 수 있기를 기대해 본다.

참고문헌

[논문 및 단행본]

김동영, 「도시관광의 현황 및 활성화 방안」, 『사회과학연구』 제37권 제1호, 전북대 사회과학연구소, 2013.

김명훈, 「디지털 구술 아카이빙에 관한 연구」, 『구술사연구』 제4권 1호, 한국구술사학회, 2013.

김상철 · 윤유석 · 정선애 · 윤나리 · 권윤경, 「문화지도－지도를 매체(media)로 한 문화의 이해와 표현」, 『글로벌문화콘텐츠』 통권 제1호, 글로벌문화콘텐츠학회, 2008.

문화재청, 「디지털문화유산 영상관 전시운영방안연구보고서」, 2013.

설문원, 「로컬리티 기록화를 위한 참여형 아카이브 구축에 관한 연구」, 『한국기록학연구』 제32호, 한국기록학회, 2012.

_____, 「디지털 환경에서의 로컬리티 기록화 방법론 연구」, 『한국기록관리학회지』 제11권 제1호, 한국기록관리학회, 2011.

윤택림, 『구술사, 기억으로 쓰는 역사』, 아르케, 2010.

이정연, 「구술사 기록물 아카이브 구축을 위한 메타데이터 모델링 및 표준 요소 개발에 관한 연구」, 『정보관리학회지』 제26권 제1호, 한국정보관리학회, 2009.

전주문화재단, 「전통문화중심도시 조사 · 기록화 기반 통합 콘텐츠 지원사업 백서」, 2013.

전주한옥마을사업소, 「2013 전주한옥마을 현황」, 2013.

에드워드 렐프, 김덕현 · 김현주 · 심승희 역, 『장소와 장소상실』, 논형, 2005.

이-푸 투안, 구동회 · 심승희 역, 『공간과 장소』, 도서출판 대윤, 1995.

Armstrong, N., Historypin : Bringing Generations Together Around a Communal History of Time and Place, *Journal of Intergenerational Relationships*, Vol.10 No.3, 2012.

Baggett, M. and Gibbs, R., Historypin and Pinterest for Digital Collections : Measuring the Impact of Image-Based Social Tools on Discovery and Access, *Journal of Library Administration*, Vol.54 No.1, 2014.

[DB 자료]

유네스코 홈페이지 http://www.unesco.org

히스토리핀 홈페이지 http://www.historypin.org

We Are What We Do 홈페이지 http://wearewhatwedo.org

공간 / 로컬리티, 서사적 재현의 양상과 가능성

『화산도』와 『지상에 숟가락 하나』를 중심으로

김동현

1. 공간의 상상과 로컬리티

　서구 철학에서 공간에 대한 사유는 플라톤과 아리스토텔레스로부터 비롯되었다. 플라톤은 공간을, 생성을 수용할 수 있는 카테고리, 즉 정신적인 것과 물질적인 것을 받아들이는 형상으로 인식하였다. 플라톤적 사유에서 중요한 것은 존재와 생성의 문제였다. 따라서 존재와 생성의 외부인 공간은 인식의 대상이 아니었다. 이러한 플라톤의 공간 개념은 아리스토텔레스에 이르러서는 어떤 것을 포괄하는 물체의 경계라는 의미로 변모된다. 즉 공간은 비어있는 것들의 경계이자 사물이 차지한 부피를 구획한 경계가 된다.[1]

---

[1]　오토 프르디리히 볼노, 이기숙 역, 『인간과 공간』, 에코리브르, 2014, 22~33쪽; 마르쿠스 슈뢰르, 정인모·배정희 역, 『공간, 장소, 경계』, 에코리브르, 2010, 31~36쪽 참조.

서구 철학에서 시간(크로노스)과 공간(토포스)의 문제는 오랫동안 시간의 진보성과 공간의 정체성(반동성)이라는 이분법적 구도 속에서 이해되어 왔다. 마르쿠스 슈뢰르는 이를, 공간은 극복되어야 할 낡은 질서가 드러나 있는 곳으로 인식되어 왔으며 발전, 진보, 근대화의 걸림돌로 여겨져 왔다고 파악한다.[2] 시간은 진보하는 것이며 공간은 시간의 정체, 즉 진보와 발전의 정체가 낡은 질서로 재편된 것이라는 시각은 공간에 대한 부정적 인식을 확산시켜왔다. 이러한 공간인식에 일정한 변화를 가져온 것은 역설적으로 세계화라는 지구적 균질성의 도래 때문이었다. 공간은 세계화라는 균질화에 저항할 수 있는 구체적 장소이자 상상의 공간으로 인식되기 시작하였다. 데이비드 하비는 그의 저서 『희망의 공간』에서 자본주의 축적의 역사가 포함하고 있는 공간적 조정과 지리적 불균등 발전이 지리적 변화를 가져오고 있다는 점을 분명히 하고 있다.[3] 데이비드 하비가 세계화를 지리적 불균등 발전이라고 명명하고 있는 것은 역설적으로 공간의 균질화에 공간적 사유로 저항하고 재편하려는 실천적 사유의 일환이다.

공간이 문제가 되는 것이 결국 균질화에 대한 욕망이라고 한다면, 이를 국가와 국가의 차원이 아니라 국가 내부의 문제로 옮겨서 생각할 수도 있을 것이다. 지역에서의 향토인식이 1960년대 이후, 정확히 말하자면 1964년 제주도종합개발계획 수립 이후 급속도로 확산되었다는 점을 염두에 둔다면 공간적 사유는 '서울'로 상징되는 도시화, 근대화가 지역을 재편하기 시작하면서 출발했다고 해도 과언이 아니다.[4]

2   마르쿠스 슈뢰르, 위의 책, 21쪽.

3   데이비드 하비, 최병두 외역, 『희망의 공간―세계화, 신체, 유토피아』, 한울, 2009, 45~48쪽 참조

지역이 근대로 재편되는 과정에서 망실되어가는 지역 고유성에 대한 인식이 확산되는 것은 일면 자연스러운 것처럼 보인다.

하지만 '서울＝근대/지역＝전근대'라는 이분법적 도식은 지역을 폭력적으로 재편한다. 그리고 이와 함께 등장한 향토인식은 근대에 대한 저항이라기보다는 투항의 성격을 지녔다. 1964년 제주도종합개발계획이 발표된 직후 제주신문에 연재된 부종휴의 '제주도개발과 자유화 문제'라는 글을 살펴보자.

> 관광이니 개발이니 자유화이니 요사이와 같이 각광을 받아본 때는 아직 없다. 혁명정부 당시의 전 김영관 지사의 업적은 높이 평가되어야 한다. 씨는 뿌려놨으니 결실과 수확을 할 때는 바로 이때이다. 현 강우준 도지사 등의 역량에 기대되는바 매우 크다. 박 대통령을 비롯한 행정, 입법부가 본도 개발에 큰 관심과 중점을 여기에 두고 있는 것은 사실이다. 잘 이용하여야만 5년 10년 후에는 살기 좋은 낙원을 마련할 수 있게 될 것이다. 망각의 섬이 되는 것을 우리는 원해서는 안된다. (…중략…) 우리가 개발만 한다면 제2의 하와이는 능히 만들 수 있을 것이다.[5] (강조는 인용자)

"개발만 하면 제2의 하와이는 능히 만들 수 있을 것"이라는 부종휴의 발언은 그 자체로 지역의 근대적 재편에 대한 기대감을 노골적으로 드러낸다. 이 같은 기대감은 개인의 의견에 그치는 것이 아니었다. 민

4 　김동현, 「지역을 상상하는 두 개의 방식 ─1960년대 제주를 중심으로」,『한국지역문학연구』제5집, 한국지역문학회, 2014 참조

5 　부종휴, 「제주도개발과 자유화 문제」,『제주신문』, 1964.8.30.

속학 연구자였던 진성기는 이보다 앞선 1962년 『제주도학』 제1집에서 제주도개발계획이 추진되고 있고 머지않아 제주도가 이상향이 될 수 있을 것이라고 이야기한다.

> 본도의 자연적 조건을 활용하는 특수산업으로서 초기재배, 밀감 등 아열대 과수의 재배와 축산업이 최근에 이르러 더욱 활기를 띄우고 있다.
> 그러나 아직도 발견의 여지가 허다한 본도에는 해마다 내외 탐승객이 모여들고 있으며 따라서 세계 공원이라는 찬사를 던져주고 있으므로 당국의 적극적인 개발계획으로 머지않아 한국의 유토피아가 건설 될 것이다.[6] (강조는 인용자)

『제주도학』은 제주학이라는 이름이 정립되지 않았을 때에 제주의 민속을 정리하고, 이를 통한 교육의 필요성을 역설했다.[7] 향토인식을 전면에 내세우고 있는 이 책에서조차 근대 편입에 대한 기대감을 확인할 수 있다. 1962년부터 제주도청이 펴낸 기관지인 『제주도』지에서는 유토피아적 인식이 더욱 노골적으로 드러난다.[8] 당시 제주 지식인들은 관 주도의 개발을 근대적 개발에 편입될 수 있는 기회로 인식하였다. 그리고 이와 함께 향토 인식이 대두되었다. 이를 공간적 사유라는 측면

---

6   진성기, 『제주도학』 제1집 개관편, 시인의 집 인간사, 1962, 20~21쪽.
7   진성기의 『제주도학』에서는 제주도학의 개관을 "삼다가 빚어낸 도민의 생태, 삼무가 지녀온 도민의 생태, 삼보가 가져온 도민의 생태" 등 세 가지로 구분하여 각각을 생활의 현상과 정신의 현상이라는 두 개의 항목으로 설명하고 있다.
8   국가주도의 제주도 개발계획이 수립되기 시작할 즈음 『제주도』에는 '관광제주개발'(제4호, 1962), '복지의 광장을 위해 매진하자'(제11호, 1963), '제주도는 낙원이 될 수 있다'(13호, 1964), '제주도는 낙원이 된다'(제18호, 1964) 등의 관변 구호들이 권두언을 장식하게 된다.

에서 바라보면 제주라는 공간적 특징이 '근대＝서울'로 획일화되는 과정 속에서 오히려 제주라는 공간에 대한 인식, 향토 인식이 발생한 것이다.

공간에 대한 인식은 그것이 향토의 발견이든 공간의 역사성에 대한 인식이든 균질화되는 공간을 전제로 할 때 발생한다. 따라서 공간 인식은 기원에 대한 인식이 아니라 시대적 욕망의 발현이다. 즉 공간은 공간으로서 존재하거나 인식되는 대상이 아니라 사회적 관계를 생산하는 생산의 장이다. 이 때 문제가 되는 것은 존재로서의 공간이 아니라 관계로서의 공간이다. 공간은 정신적인 것과 문화적인 것, 사회적인 것, 역사적인 것을 연결하는 동시에 발견과 생산, 창조라는 진화의 과정 속에서 '생산'된다.[9] 앙리 르페브르가 공간을 생성의 산물이라고 하는 것은 생산의 장에서 이데올로기와 환상이라는 왜곡이 개입될 수 있다는 점을 의미한다. 즉 공간은 이데올로기적 산물이며, 환상의 소산일 수도 있다는 것이다. 이 같은 설명은 공간이 생성의 장이 될 수도 있음을 보여준다.

공간은 헤게모니의 산물이며 정치성의 발현물이다. 지역에서의 도시 재생이라는 이름으로 행해지는 (재)건축 작업들이 단순히 과거의 공간들을 기념하고 확인하는 차원에 머무는 것으로 인식하는 것은 그 자체로 순진한 발상이다. 공간은 헤게모니라는 미시 물리학이 작동하고 있는 정치적 장이며, 기억 투쟁의 장이다. 이런 점에서 본다면 제주 지역에서 행해지고 있는 원도심 활성화 중장기 종합 마스터플랜 사업은

---

9   앙리 르페브르, 양영란 역, 『공간의 생산』, 에코리브르, 2011, 29쪽~125쪽.

그 자체로 권력의 헤게모니, 권력의 의지가 구현되는 정치적 실천의 장소인 셈이다.

에드워드 랠프는 장소를 개인의 정체성, 문화적 정체성, 안정감의 근원이라고 이야기한다. 이 때 중요한 것은 장소 그 자체가 아니다. 장소에 대해 가지는 정체성이다. 장소가 장소로서 존재하는 것이 아니라 관계로서 존재한다는 것은 바로 이러한 의미에서다.[10] 개인이 특정 장소에 대해 느끼는 특별한 경험을 개인의 장소성이라고 말할 수 있다면, 한 사회가 특정한 장소에 대해 느끼는 집합적 지(知)는 사회적 장소성이다. 여기서 문제 삼는 것이 바로 이것이다. 장소에 대한 집합적 지(知)의 정체. 그것을 '공간 인식의 로컬리티'라고 명명할 수 있다면 그것의 구체적 양상은 과연 어떻게 구현되고 있는가.

이를 위해 여기서는 김석범의 『화산도』와 현기영의 『지상에 숟가락 하나』를 중심에 두고 논의를 전개하고자 한다. 두 작품은 제주 4·3을 다루고 있으며 제주 원도심이라는 동일한 공간적 배경을 작품의 주요 무대로 하고 있다는 점에서 공간 인식의 재현 양상을 살펴볼 수 있는 텍스트라고 할 수 있다. 특히 소설이라는 서사적 구성물의 창작과 독서경험을 통해 지역에서의 공간 인식에 대한 집합적 지(知)의 공유와도 연관이 있다고 볼 수 있다. 또한 이 작품은 1960년대 이후 근대적 개발을 바라보는 지역 내부의 욕망과 이를 바탕으로 발견된 향토 인식과는 다른 공간 인식을 보여주고 있다는 점에서 논의의 대상으로 삼을 만하다.

---

10   에드워드 랠프, 김덕현 외역, 『장소와 장소상실』, 논형, 2005, 104~110쪽.

논의에 앞서 제주 원도심이라는 장소성이 어떻게 형성되어 왔는가를 살펴보고자 한다. 흔히 제주 원도심을 이야기할 때 제주문화의 중심지라는 표현을 하곤 한다. 그것은 과거 제주 원도심이 행정, 문화의 중심지였다는 역사적 사실에서 기인한다. 『제주시 50년사』의 첫 장은 이렇게 시작한다. "제주시는 과거 탐라국이 형성・발전하는 단계에서부터 21세기를 맞이한 오늘날에 이르기까지 정치와 경제는 물론이고 행정, 문화, 교육 등 거의 모든 분야에 있어서 제주도의 중심지 기능을 맡아왔다."[11] 탐라국 형성과 발전 단계에서부터 구심점 역할을 했던 곳이 지금의 삼도동, 일도동을 근거로 한 제주 원도심이다. 정확히 말하면 일도1동, 용담1동, 이도1동, 삼도2동, 삼도1동 등 연동과 노형동 지구 개발 이전의 행정동들이 제주시의 핵심을 형성하였던 공간이었다.[12]

김동윤은 제주 원도심을 칠성로, 중앙로, 남문로 등 옛 제주성과 그 주변 지역이라고 규정한다.[13] 이 같은 규정은 제주 원도심에 대한 일반적 인식이기도 하다. 박경훈은 한 걸음 더 나아가 3세기경에 편찬된 중국 사서 『삼국지』 위지 동이전의 '주호'의 기록을 근거로 제주 원도심을 "2000년 동안 제주사람들의 문명의 중심지"였다고 말한다.[14] 이러

---

11 제주시, 『제주시50년사』, 제주시50년사편찬위원회, 2005, 73쪽.
12 이들 행정동의 면적의 합은 3.43㎢로, 제주시 전체 면적의 1.34%에 불과하다. 위의 책, 77쪽.
13 김동윤, 「원도심 재생을 통한 제주형 인문도시의 모색」, 『시민인문학』 제28호, 경기대 인문학연구소, 2015, 15쪽.
14 박경훈, 『제주담론』 2, 도서출판 각, 2014, 287쪽. 여기에서 박경훈은 다음과 같이 말하고 있다. "3세기경 편찬된 중국 사서인 『삼국지』 위지 동이전에 등장하는 '주호(洲胡)'의 기록이 제주도에 대한 최초의 문헌임을 인정한다면, 적어도 제주시는 최소한 3세기경(AD 280년대)에는 제주섬 최대의 취락지였을 것이며, 4세기 이후에는 탐라국의 국읍으로서 실제적인 존재감이 있었다는 말이 된다. 또한 역사학계의 다양한 이견들 속에서도 평균치인 기원전후 시기에 탐라가 세워졌을 것이라는 가설들을 종합하면, 제주시 원도심권은 현재까지 최소한 2000년 이상 제주사람들의 문명의 중심지였다."

한 표현에서도 알 수 있듯이 제주 원도심에 대한 관심은 각별하다. 이 것을 제주 원도심의 장소성이라고 일컬을 수 있다면 이러한 의미 부여 는 어디에서 기인한 것일까.

제주 원도심에 대한 관심은 정책적 차원에서 시작되었다. 2000년대 들어 '도시 재생'이라는 개념이 도입되기 시작하고 2005년 '도시재정 비 촉진을 위한 특별법'이 제정되면서 쇠락한 원도심(구시가) 정비가 정 책 과제로 대두되었다. 또 2007년 국토교통부에 설치된 도시재생사업 단 설치와 2013년 4월 '도시재생 활성화 및 지원에 관한 특별법'이 통 과되면서 도시 재생의 측면에서 원도심이 주목받기 시작하였다.[15]

도시재생에 대한 정책적 관심이 높아지면서 지역 내부에서도 원도 심에 대한 관심이 고조되었다. 이러한 관심은 종종 장소 마케팅이라는 측면에서 거론되기도 하였다.[16] 제주 원도심은 도시 재생을 통한 공간 재배치, 그리고 공간의 가치를 염두에 두고 호명되기 시작했다.

이 글은 이러한 관점에서 서사적으로 재현된 제주 원도심의 공간 인 식의 양상을 살펴보고자 한다. 신자유주의적 발전, 데이비드 하비가 이 야기했듯이 지리적으로 불균등한 발전은 지역을 폭력적으로 재편성하 고 있다. 과거 제주 지식인들이 근대에 대한 편입을 자명한 것으로 여 기면서 상상한 향토는 그 자체로 근대가 규율하고 있는 지적 체계에의 편입이라는 명백한 한계를 지닐 수밖에 없었다. 이러한 한계 상황 속에

---

15   제주발전연구원, 『제주원도심 도시재생 전략 연구』, 2013.
16   2011.1.1, 『한라일보』는 신년 기획으로 '제주의 가치! 세계의 가치-원도심 되살린다'는 특집 기 사를 게재한다. 이 기사는 이탈리아 베로나시, 스위스 바르트 이팅켄 카르투지오회 수도원 등 역 사적 건물을 재생시켜 장소 마케팅에 성공한 해외 도시들을 소개하고 있다. 장소마케팅의 성공적 인 해외 사례로 이 도시들을 들고 있는 것이다. '장소 마케팅'이라는 노골적인 용어에서도 알 수 있 듯이 원도심에 대한 관심은 쇠락화된 원도심의 도시 재생적 측면에서 시작되었다.

서 사뭇 특이한 위치를 취하고 있는 것이 바로 김석범의『화산도』와 현기영의『지상에 숟가락 하나』이다.

2.『화산도』의 길-배치의 역학과 서사 공간

　김석범의『화산도』는 4·3을 다루고 있는 방식, 이야기의 방대함 측면에서도 주목할 만하지만 그에 못지않게 배치의 역학을 통한 서사적 공간의 재현을 효과적으로 구사하고 있다. 또한 해방 3년이라는 시공간 속에서 지역의 장소성을 보여주는 텍스트이다. 김석범이 제주 4·3의 진실을 소설로 형상화하기 시작한 것은 1957년「까마귀의 죽음」,「간수 박서방」등의 작품을 발표하면서부터다.「까마귀의 죽음」을 시작으로 한 제주 4·3에 대한 천착은『화산도』로 이어졌다. 김석범은 그 스스로도「까마귀의 죽음」이『화산도』의 원형이 되었다고 고백한 바 있다.[17]

　4·3 미체험자였던 그가 제주 4·3의 문제와 정면으로 마주하게 된 이유는 그것이 자신을 구원하는 행위였기 때문이다. 그것을 김석범은 "니힐리즘 극복의 한 방법"이라고 말했다.[18] 김석범은 허무를 넘어서기

17　김석범은 장편『화산도』에 대해 다음과 같이 말한다. "「까마귀의 죽음」을 쓰고 나서 약 30년이 지난 오늘날 새삼스레 느끼는 것은, 이 처녀 작품이 이후의 창작 전체를 지배해 왔다는, 이른바 원점이 되고 있다는 사실이다. 이것은 당시의 나로서는 예상하지도 않았을 뿐만 아니라 예상할 수도 없었다. 특히 장편『화산도』를 다 쓴 다음부터 이런 생각은 더욱 강해졌고,『화산도』의 원형이 140～150매의 단편「까마귀의 죽음」속에 울적한 형태로 거의 내재되어 있다는 사실에, 나는 발견에 가까운 놀라움과 일종의 인생의 감개무량함조차 느꼈던 것이었다." 김석범,「「까마귀의 죽음」이 세상에 나오기까지」,『부락해방』, 1974년 3월호; 나카무라 후쿠지,『김석범『화산도』읽기－제주 4·3항쟁과 재일한국인 문학』, 삼인, 2001, 35쪽에서 재인용.

18　이경원·오정은 역, 김석범·김시종, 문경수 편,『왜 계속 써왔는가 왜 침묵해 왔는가』, 제주대 출판부, 2007, 79쪽.

위한 방법으로서 소설 쓰기를 선택했다. 「까마귀의 죽음」에서 정기준이 "이 곳이야말로 내가 의무를 완수하고 생명을 묻기에 가장 어울리는 땅"[19]이라고 했던 것처럼 김석범에게 제주 4 · 3은 그 자신에게 삶의 존재를 증명하기 위한 하나의 수단이었다.[20] 이런 점에서 본다면 『화산도』는 제주에 대한 작가의 공간 인식이 구현된 작품이라고 할 수 있다. 공간이 생성의 산물이라는 점을 감안할 때 『화산도』는 김석범의 공간 인식이 기억 투쟁이라는 형식으로 재구성되고 있는 작품이다. 『화산도』의 공간은 물리적 공간으로서 존재하는 것이 아니라 관념적 개입에 의해 재현되고 있다. 공간 인식의 로컬리티를 살펴볼 때 『화산도』에 주목하는 이유도 바로 이 때문이다.

그렇다면 『화산도』에서 재현되는 공간의 모습은 어떠한가. 먼저 소설의 도입부를 살펴보자. 소설은 무장 게릴라 조직원인 남승지가 해방구인 조천면 Y리에서 버스를 타고 제주 성내로 진입하는 장면으로 시작한다. 조천면에서 출발한 버스는 사라봉을 지나 제주 성내로 진입한다. 버스를 탄 남승지의 눈에 비친 성내 풍경은 "갑충처럼 땅에 착 달라붙"은 "초가지붕들"과 신작로 한 편으로 이어진 돌담으로 묘사된다.

버스는 언덕을 깎아낸 완만한 비탈길을 달렸다. 전방으로 성내의 낮은 시가지가 보이기 시작한다. 기와지붕들 사이에 띄엄띄엄 있는 초가지붕이 유

---

19 김석범, 김석희 역, 『까마귀의 죽음』, 도서출판 각, 2015, 165쪽. 『까마귀의 죽음』이 한국에 번역 출간된 것은 1988년이었다. 오랫동안 절판되었던 이 작품은 2015년 도서출판 각에서 재출간되었다.

20 김석범은 이에 대해 다음과 같이 고백하고 있다. "그러니까 제주도 땅을 『까마귀의 죽음』의 무대로 함으로써 내가 살아가는 데에도, 내가 니힐리즘을 극복하기 위해서도 제주도가 아주 중요한 무대가 된 거지." 김석범 · 김시종, 위의 책, 172쪽.

독 눈에 띄었다. 성내 입구 주변에는 강풍에 날아가지 않도록 굵은 밧줄로 바둑판처럼 동여맨 초가지붕들이 땅에 달라붙은 갑충 모양으로 밀집해 있었다. 신작로 오른쪽 관목이 드문드문 서 있는 절개도로 끝머리까지 갓 돋아나기 시작한 부드러운 잔디가 사라봉 기슭을 뒤덮고 있었다. 반대편은 여전히 길과 밭 사이로 용암 조각을 쌓아 올린 돌담이었다. 바람이 일자 절개도로의 붉게 마른 흙이 화약 연기처럼 피어올라 날았다.[21]

소설의 도입부가 무장 게릴라 조직원인 남승지의 시선에 포착된 성내 경관으로 시작하는 것은 의미심장하다. 그것은 앞으로의 서사가 제주 성내를 중심으로 전개됨을 시사한다. 『화산도』의 등장인물 중 하나인 남승지는 주인공 이방근과 함께 소설 속에서 중요한 위치를 차지하는 인물이다. 남승지가 성내 동향을 파악하기 위해 성내로 진입하는 장면은 『화산도』의 주요 무대가 제주 성내를 중심으로 펼쳐지게 되는 것과 무관하지 않다.

지붕이며 엔진 덮개, 유리창까지 온통 먼지를 뒤집어쓴 버스는 낮게 늘어선 집들 사이를 천천히 나아갔다. 길 가던 사람들이 차를 피해 한쪽으로 비켜섰다. 이윽고 오른쪽으로 늘어선 집들이 길모퉁이의 이발소에서 끊기자 갑자기 넓은 광장이 펼쳐졌다. 하지만 신작로는 왼쪽으로 늘어선 집들을 따라 서쪽을 향해 일직선으로 뻗어 있었다. 오른쪽 길모퉁이에 있는 이발소 근처에 신작로와 직각으로 교차되는 길이 나 있었고, 왼쪽으로 나 있는 완만한

---

21   김석범, 『화산도』 1권, 보고사, 2015, 27쪽. 앞으로 인용은 권수와 쪽수만을 표기한다.

오르막길이 남문길이었다. 오른쪽으로 난 길은 바다로 통했다. 그 길과 신작로 사이에 방금 건너온 하천 쪽으로 통하는 C길이 있다. 모퉁이에 자리한 삼각형 모양의 이발소는 신작로와 광장, 그리고 상점이 밀집해 있는 C길과 면해 있어서 눈에 잘 띄었다. 시장에 가려면 버스를 내려 신작로를 거슬러 올라가는 것이 지름길이지만, C길을 통해서도 갈 수 있었다. 광장 뒤편 소나무숲을 배경으로 공자사당 풍의 붉은 단청이 벗겨져 거무스름해진 관덕정(觀德亭) 건물이 부드럽게 휘어진 커다란 추녀를 흐린 하늘에 펼친 채 서 있었다. 신작로 오른쪽에 펼쳐진 광장의 모습이 남승지의 시야에 한눈에 들어왔다. 관덕정을 사이에 두고 신작로와 평행한 길이 또 하나 뻗어 있었다. 그 길과 광장에 인접하여 여러 관청과 경찰서가 늘어서 있었는데, 모두 1, 2층짜리 건물들로, 수백 년의 역사를 지닌 관덕정 건물이 아직껏 주변을 압도하며 당당하게 서 있었다.[22]

버스를 타고 성내로 진입하는 남승지를 초점 화자로 한 소설의 도입부는 식민지 시절의 회상, 그리고 해방 후의 정세에 이르기까지의 회상과 성내의 현재의 모습이 교차되며 나타난다. 앞의 두 장면은 도입부에서 초점 화자 남승지의 시선에 포착된 해방 후 — 소설 속의 시간으로 따진다면 1948년 2월 26일 제주 성내 — 의 모습이다. '남문통'과 '칠성통' 그리고 이발소까지 소설 속에서 묘사되는 성내의 광경은 지금의 관덕정 광장을 중심에 두고 묘사되고 있다.[23] 이는 소설 속 인물들의 공

22 『화산도』 1권, 28~29쪽.
23 제주 성내에 대한 묘사는 대체로 사실에 기반하고 있다. 관덕정 광장 맞은편의 식산은행과 모퉁이의 이발소 등의 묘사는 당시 식산은행 자리와 중앙이발소 등의 실제 장소들의 위치와 매우 흡사하다.

간 배치와도 무관하지 않다.

소설 속 주인공 이방근의 집은 북국민학교 뒤편 넓은 마당이 있는 집으로 묘사되는데 그의 서재는 소설 속 주요 인물들이 만나는 장소이기도 하다. 『화산도』는 이방근과 남승지라는 두 인물을 중심으로 제주 4·3의 전사(前史)와 그 이후의 이야기를 폭넓은 시각으로 다루고 있다. 그런데 이 소설의 주인공은 이방근과 남승지, 그리고 유달현과 김동진 등 제주 4·3의 와중에서 고뇌하는 인물만이 아니다. 이 소설의 또 다른 주인공은 바로 거리들이다. 버스로 타고 제주 성내로 들어온 남승지는 "신작로를 따라 곧장 올라가 남문통과의 교차로를 건너"고 "우체국 앞 광장을 가로질러 남문통으로 들어서" "완만한 비탈길을" 오른다. 남승지의 이동 경로가 상세하게 묘사되고 있는 이 대목은 단순히 일회적인 묘사에 그치지 않는다. 소설 속 주요 인물인 이방근, 남승지, 유달현, 박산봉, 김동진, 양준오 등은 끊임없이 거리를 이동한다. 그것은 주요 인물들의 공간 배치가 관덕정을 중심으로 놓여 있기 때문이다.

서사적 배치 과정에서 가장 중심에 자리 잡은 것은 이방근의 집이다. 북국민학교 뒤편 북신작로에 자리 잡은 이방근의 집을 중심으로 남쪽으로는 유달현이, 동쪽에는 양준오가, 서쪽인 병문천 건너에는 박산봉이, 글고 인근 해안가에는 김동진이 배치되어 있다.

버스를 타고 제주 성내로 잠입한 남승지가 유달현의 집으로 향하는 다음 대목을 보자.

남승지는 우체국 앞의 광장을 가로질러 남문길로 들어선 뒤 완만한 언덕을 오르기 시작했다. 바람은 많이 약해져 있었다. 유달현의 집(실은 사촌형의 집에 기숙하고 있다)은 언덕길을 다 올라가서 오른쪽 골목으로 돌기만 하면 되었다. 왼쪽으로 돌면 유달현이 근무하는 중학교가 나온다.[24]

유달현의 집은 골목길을 조금 가다가 다시 왼쪽으로 구부러진 상당히 구불구불하고 좁은 길에 있었다. 돌담 너머로 마른 가지를 뻗은 채 바람에 흔들리고 있는 낯익은 감나무가 눈에 들어오자 그곳이 바로 유달현의 집이라는 걸 알았다.[25]

성내로 잠입한 남승지는 유달현의 집에서 한라신문 기자인 김동진과 남해자동차 화물부 직원인 박산봉을 만난다. 유달현의 주선으로 혁명에 뜻을 같이하는 동지들과 회합을 가진 것이다. 유달현의 집은 혁명 전야의 동지들이 "조국통일 혁명"이라는 과제를 추진하기 위한 혁명 대의의 의지를 확인하는 공간이다. 관덕정이라는 공간을 중심으로 남쪽으로 혁명의 공간이, 그리고 관덕정 북쪽인 북국민학교 인근 북신작로에는 이방근의 공간이 자리하고 있다.

유달현에게서 무장봉기의 계획을 전해들은 후 이방근은 오랜 고민 끝에 집에서 나와 유달현의 집으로 향한다. 유달현의 집에서 아버지 회사에서 근무하는 박산봉을 발견한 이방근은 그의 뒤를 밟는다. 이때 이방근의 동선은 북신작로-관덕정-남문길-관덕정-서문교 밖으로 이어진다. 관덕정과 북신작로 인근 이방근의 집을 중심에 두고 소설 속 인물의 동선은 동서 방향과 남쪽 방향으로 이어진다. 서울에서 나영호,

---

24 『화산도』 1권, 95쪽.
25 위의 책, 105쪽.

문난설 일행과 제주로 돌아온 이방근이 조직 지원자금 30만원을 전달하기 위해 양준오의 집으로 가는 대목을 보자.

이방근은 곧장 다리를 건너서는 왼쪽으로 가려 했던 길을 동문길 쪽으로 돌렸다. 기상대 계단 입구에서 조금 하류 쪽, 음용수가 솟아나는 용천의 암반지대 옆길을 언덕 쪽으로 올라가면 지름길이었다. (…중략…) 이방근은 지름길을 포기하고 동문교를 달리는 일주도로-동문길로 나왔다. (…중략…)

잠시 동문길의 완만한 오르막길을 가다가 다시 왼쪽으로 꺾어, 멀리 돌아가는 길로 언덕을 향했다. 진창의, 날씨가 좋을 때는 미세한 흙먼지가 바람에 날리는 길이었다. 오르막길을 올라 마침내 평지 골목 안쪽에 있는 양준오의 하숙집에 도착했다.[26]

소설은 줄곧 칠성로와 관덕정을 중심으로 한 성내의 거리를 배경으로 진행된다. 남문로를 거슬러 올라가 자리 잡은 유달현의 집이나, 서문교 건너 박산봉의 집, 북국민학교 뒤편의 이방근의 집, 동문다리를 건너 측후소를 조금 지나 자리 잡은 양준오의 집 등 소설 속 인물들 공간은 모두 성내를 중심으로 포진하고 있으며 인물들은 이 거리를 오고 간다. 그리고 이 거리의 풍경들은 매우 구체적으로 그려지고 있다.

비록 상상적으로 구현된 거리이기는 하나 거리의 묘사는 대단히 사실적이다. 작품 속에서 이렇게 재현된 거리를 중심에 두고 소설 속 인

---

26   『화산도』 7권, 417~418쪽.

물들이 움직인다. 이방근이 서청 패거리들과 싸움을 하게 되는 칠성로 신세기 카바레나, 이방근이 『해방 일년사』라는 책을 우연히 읽게 되는 곳인 요정 명월관 등 인물들의 동선은 제주 성내를 중심으로 배치된다. 거리에 대한 핍진한 묘사는 인물의 배치에도 눈에 띈다. 이방근과 최상화 등 성내 유력자들의 집들은 모두 북국민학교 주변을 중심으로 모여 있는 반면에 양준오, 박산봉의 집들은 모두 제주성 외곽에 자리잡고 있다. 남해자동차 화물부 직원으로 일하면서 남로당 비밀당원으로 활약하는 박산봉의 집은 서문교 건너편이다. 제주신보 기자로 나중에 입산을 감행하는 김동진의 집은 관덕정 서쪽 한두기 인근 해안가 마을이다. 『화산도』는 인물들을 적당한 거리에 나눠 배치하고 길을 따라 인물들이 움직이게 한다. 인물 배치를 통해 자연스럽게 서사적 공간을 나누고 있는 것이다.

그런데 이 중에서 중요한 공간은 바로 이방근의 집이다. 소설의 도입부가 제주 성내로 진입하는 남승지로부터 시작하였듯이 『화산도』의 서사는 이방근의 집으로부터 시작되고 확산된다. 그런 점에서 본다면 소설의 진정한 주인공이 이방근이라는 해석은 일면 타당해 보인다. 나카무라 후쿠지는 『화산도』를 이방근과 남승지 두 사람이 어우러진 드라마라기보다는 이방근을 주인공으로 하고 있다고 말한다.[27] 이방근이 주인공이 될 수밖에 없는 것은 바로 소설 속 공간 배치, 인물들의 역학 관계에서 기인한 것이다.

이러한 인물의 배치는 자신의 집 소파에 앉아서 정국을 관망하던 이

---

27   나카무라 후쿠지, 『김석범 화산도 읽기』, 삼인, 2001, 64쪽.

방근이 현실 참여의 길로 나서게 되는 소설 전개 양상과도 무관하지 않다. 이방근이 관망의 태도를 버리고 현실 세계로 뛰어들게 된 이유는 저택의 소파로 상징되는 '동굴'을 나오는 일인 동시에 현실세계와 이어주는 길로 나아가기 위함이다.[28] 작품 속에서 무수히 등장하는 거리들은 결국 관념의 동굴에서 빠져나와 현실 세계로 뛰어들게 하는 참여의 길이다. 유달현의 변절을 알게 되는 것도, 정세용 처단을 두고 이방근이 실존적 고민을 하는 현장도 모두 거리를 배경으로 펼쳐진다.

『화산도』에서 보이는 인물 배치, 그리고 이를 통한 서사의 전개는 마치 레일을 깔아 놓고 그 위에서 특정한 행동을 할 수밖에 없도록 만들어놓은 일종의 정교한 장치처럼 읽힌다. 『화산도』는 지역의 장소성을 전면에 부각시킴으로써 서사적 구성을 완성시키고 있다.

해방 후 3년은 우리 역사에서 중요한 위치를 차지하고 있다. 오늘날 한국 사회를 이해하기 위해서는 해방 이후 남한 단독 정부 수립 형성까지가 중요하다는[29] 지적을 상기해보자. 또한 해방기를 다룬 수많은 연구 성과들은 해방 후 3년이라는 시공간의 중요성을 보여준다. 이 3년이라는 시공간 속에서 '제주'는 남다른 위치를 지니고 있다. 5·10 단선에 저항하며 봉기했던 제주 4·3은 그 자체로 해방기 남한 사회에서 차지하는 비중이 크다. 제주 4·3을 소설로 형상화하면서 김석범이 선택한 전략은 공간의 구체성을 극대화하는 전략이었다. 이러한 방식에서 중요한 것은 물리적 공간이 아니라 공간의 의미이다. 김석범이 만들

---

28   『화산도』 9권, 240쪽.

29   정호기, 「국가의 형성과 광장의 정치 — 미군정기의 대중동원과 집합행동」, 『사회와 역사』 제77집, 한국사회사학회, 2008, 156쪽.

어낸 공간은 존재하는 공간이 아니라 '혁명'의 순간을 살아야 했던 인물들이 구체성을 확보하는 공간으로 재현된다.

3. 관덕정 광장과 『지상에 숟가락 하나』

1999년 발간된 현기영의 『지상에 숟가락 하나』는 "4·3의 현재성을 끊임없이 되물어온 현기영 문학의 총괄편"[30]으로 평가받는 작품이다. 성장소설의 형식을 띄고 있는 이 작품은 4·3이라는 역사적 비극의 현장을 관통하여 왔던 유년 시절의 기억과 구체적 지역의 모습을 서정적인 필체로 묘사하고 있다. 그동안 이 작품에 대한 평가는 제주 4·3의 수난사적 성찰의 극복[31]과 다양한 민중적 군상들의 예술적 형상화라는 측면에서 다뤄져 왔다. 이 작품은 고향 상실과 고향으로의 귀환이라는 큰 축을 바탕으로 소년의 성장과 역사적 비극 속에서 감내해야 했던 민중들의 구체적 일상을 예리한 시선으로 포착하고 있다.

이 작품에서 작가의 고향이자 4·3의 피해지였던 함박이굴은 하나의 '시원'으로서 그려지고 있다. '아버지'부터 '귀향연습'까지 134개 소제목으로 구성되어 있는 이 작품의 마지막이 '귀향연습'이라는 데에서도 알 수 있듯이 『지상에 숟가락 하나』는 '제주'라는 공간을 소환하면서 상실된 고향을 상상적으로 복원한다. 여기서 논의할 것은 작품 속에 담겨져 있는 구체적 장소들에 대한 인식, 에드워드 랠프의 표현을

---

30   하정일, 「눈물 없는 비관주의를 넘어서」, 『창작과비평』 104, 창비, 1999, 255쪽.
31   위의 글.

빌리자면 장소에 대한 정체성이다. 작품 속의 장소들은 단순한 배경이 아니라 장소감, 나아가 작가의 정체성을 규정하는 역할을 담당하기 때문이다.

특히 고향인 함박이굴에서 제주 성내로 이주한 주인공 '나'의 시선에 포착된 해방과 제주 4·3, 그리고 한국 전쟁기의 제주 사회상이 잘 드러나 있다. 김석범의 『화산도』가 재일(在日)의 자리에서 제주를 상상적으로 구현하고 있다면 『지상에 숟가락 하나』에서는 작가의 유년 시절 체험을 바탕으로 한 제주의 공간 인식이 드러난다.

4·3과 한국 전쟁을 거치면서 제주는 '절멸의 땅'에서 '반공의 최후 보루'로 변모한다. 전쟁 이전인 1949년 12월 28일에는 진주에서 주둔하였던 해병대가 '공비 토벌'의 임무를 띠고 제주로 이동한다.[32] 한국 전쟁 이후 1951년 1월에는 모슬포에 육군 제1훈련소가 창설된다. 군인들뿐만 아니라 피난민도 대거 제주로 유입됐다. 피난민은 한때 15만 명을 넘을 정도였다. 이러한 전시체제의 일상화는 결국 "전시 체제의 질서"[33]로 재편되어가는 과정을 의미했다. 전시 체제의 일상은 새로운 문명, 근대와의 만남이기도 하였다. 그것은 전깃불과 휘발유·알코올 냄새, 표준어로 상징되는 근대의 유입이었다.

전력 사용량이 늘어난 것도 또 하나의 변화였다. 관덕정 동쪽 번화가는 밤에도 불야성을 이룬 듯 불빛이 환했다. 계속된 식량난에도 돈 벌리는 사람은 따로 있어, 전깃불 사용하는 집들이 차츰 늘어났다. 특선과 일반선으로

---

32 해병대사령부, 『해병전투사』, 1962, 26쪽.
33 현기영, 앞의 책, 179쪽.

차등을 두어 전기가 공급되었는데, 일반 가정에서 사용하는 전기는 이틀에 한 번밖에 안 들어오고, 들어왔다가도 툭하면 나가기 일쑤였지만, 그래도 전깃불은 개명과 호사의 상징이었다.[34]

전깃불은 '개명의 상징'이었고 휘발유 냄새와 알코올은 "문명의 냄새", "힘과 비약의 상징"으로 묘사된다. 이러한 근대와의 만남이 의미하는 것은 무엇일까. 그것은 전 세대와의 폭력적 단절, 즉 강요된 단절을 통해서만 생존할 수 있다는 본능적 자각이었다. 제주 4·3 항쟁의 상징이었던 이덕구가 체포되고 그의 시신이 관덕정 광장에 전시되었던 순간을 묘사한 다음의 대목을 살펴보자.

관덕정 광장에 읍민이 운집한 가운데 전시된 그의 주검은 카키색 허름한 일본군 차림의 초라한 모습이었다. 그런데 집행인의 실수였는지 장난이었는지 그 시신이 예수 수난의 상징인 십자가에 높이 올려져 있었다. 그 순교의 상징 때문에 더욱 그랬던지 구경하는 어른들의 표정은 만감이 교차하는 듯 심란해 보였다. 두 팔을 벌린 채 옆으로 기울어진 얼굴. 한쪽 입귀에서 흘러내리다 만 핏물 줄기가 엉겨 있었지만 표정은 잠자는 듯 평온했다. 그리고 집행인이 앞가슴 주머니에 일부러 꽂아놓은 숟가락 하나, 그 숟가락이 시신을 조롱하고 있었으나 그것을 보고 웃는 사람은 없었다.

그리하여 그날의 십자가와 함께 순교의 마지막 잔영만을 남긴 채 신화는 끝이 났다. 민중 속에서 장두가 태어나고 장두를 앞세워 관권의 불의에 저항하던

---

34   현기영, 앞의 책, 180쪽.

섬 공동체의 오랜 전통, 그 신화의 세계는 그날로 영영 막을 내리고 있었다.[35]

저항의 상징적 존재는 처참한 모습으로 '전시'되었다. 죽음을 '전시'하는 의도는 분명하다. 공포는 대중의 뇌리에 심어질 것이다. 반란의 대가가 죽음이라는, 이 무참한 공포 앞에서 작가는 제주 공동체 신화의 몰락을 목도한다. 이는 관덕정 광장에 대한 장소성의 자각이 있었기에 가능하다. 현기영에게 있어 관덕정 광장은 섬 공동체가 지니고 있었던 저항 정신의 생산지이다. 장두 이재수에서부터 시작하여 산군 대장 이덕구에 이르기까지 제주의 장두정신은 관덕정 광장이라는 구체적 공간을 무대로 하여 현재와 마주하고 있다.[36]

"민중 속에서 장두가 태어나고 장두를 앞세워 관권의 불의에 저항하던 섬 공동체의 오랜 전통"이야말로 "신화의 세계"이다. 이 대목은 『지상에 숟가락 하나』의 장소성이 지향하고 있는 바를 정확히 보여준다. 관덕정 광장을 통해 섬의 공동체, 제주 4·3으로 초토화된 섬 공동체 정신의 복원을 서사적으로 재현해내고 있는 것이다.

소설 속에서 관덕정 광장은 숟가락 하나를 꽂은 채 죽은 이덕구의 시신이 폭력적으로 전시된 공간이기도 하지만, 제주의 청년들이 자원입대를 하며 행진하던 공간으로 묘사된다. 불의에 저항하던 신화가 사라진 자리에 해병대 자원입대를 위한 "출정의 행렬들"이 들어서게 된다.

한국전쟁 직후 제주에서는 학도병 지원이 계속된다. 당시 신문에는

---

35 위의 책, 83~84쪽.
36 김동현, 「제주 원도심을 해석하는 문화지리학적 상상력」, 『제주작가』 제49호, 제주작가회의, 2015, 25쪽.

학도병 지원을 미담으로 전하는 기사들이 실리기도 한다. 대표적인 것인 한림중학교 학생 125명의 출전 지원을 전하는 제주신보 기사 내용이다. '폭발한 우국의 지성(至誠), 붓을 총으로 바꿔 잡자'라는 제목의 기사에서는 "멸공진충의 정이 혈서 출전으로 나타났다"면서 남학생뿐만 아니라 여학생들도 지원을 원한다고 전하고 있다.[37] 당시 구체적 학도병 지원 규모는 확인하기 힘들다. 군의 자료에는 3천 여 명이 해병대 3, 4기로 지원했다고 하고 있지만 이 역시 추정치일 뿐이다.[38] 해병 3기의 입대일은 1950년 8월 5일, 4기의 입대일은 8월 30일이었다. 해병 3, 4기 중에는 여성도 있었다. 여자 의용군은 126명으로 이들의 입대식은 1950년 8월 30일 북초등학교 교정에서 열렸다. 육군 여군이 창설된 것이 1950년 9월 5일이니 이보다 먼저 여자 해병대원이 제주에서 탄생한 것이다.[39]

이렇게 자진 입대한 해병대원들은 1950년 9월 1일 제주항을 출발해 부산항으로 향했다. 해병 5연대와 합류한 병력은 바로 인천상륙작전에 투입되었다. 제주 출신이 주축이 된 해병 3, 4기 생들이 바로 인천상륙작전의 주력 부대원이었다.[40] 그렇다면 이렇게 자진 입대 행렬이 이어졌던 이유는 무엇일까. 먼저 해병 3, 4기 생 참전자들의 회고를 살펴보자.[41] 참전자들의 회고에서 일관적으로 작용하는 것은 애국심이다. 18

37　1950.8.1, 『제주신보』, '붓을 총으로'라는 제목과 혈서 출전이라는 내용은 1950년 8월 9일자 '붓을 총으로 총궐기, 오중 4백여 학도 지원'이라는 기사에서도 확인할 수 있다.

38　제주방어사령부, 『제주와 해병대』, 1997.

39　위의 책, 59쪽.

40　위의 책, 77~77쪽.

41　해병 3, 4기생의 회고는 제주방어사령부가 펴낸 『제주와 해병대』에 실렸다. 군에서 펴낸 자료라는 점에서 회고의 내용을 그대로 받아들일 수만은 없을 것이다. 이들 회고에는 해병 참전 경험의 무용담이 주를 이루고 있어 사후 기억이 작용하고 있다는 혐의가 짙다. 하지만 당시 해병 3, 4기 생

살에 해병 4기로 참전했던 부창옥은 "낙동강을 최후의 방어선으로 한 국가의 운명은 누란의 위기에 처하게 되어 당시 겨우 18세의 어린 나이지만 학업을 중단하고 출정해야만 했다"(100쪽)고 말한다. 같은 해병 4기 출신인 오동욱은 "제주 지역에서는 애국심에 불타는 젊은 청년들이" 참전을 했다고 회고한다. 학생들뿐만 아니라 교사 신분이었던 이들도 지원 입대를 애국심의 표출이었다고 증언한다. 당시 초등학교 교사 출신으로 해병 4기생이 되었던 문재호는 참전 동기를 이렇게 설명한다.

> 내가 해병대에 입대했던 그 당시, 나는 성산포시 서 초등학교에서 6학년을 담임하고 어린이들과 정을 붙이고 학교생활에 여념이 없었다. 하지만 수도 서울이 북한 공산군에 점령당하고 날로 전세가 불리해져 낙동강 교두보만을 남긴 채 한반도 거의가 적 치하에 들어간 상황에서 후방에서 어린이들을 교육하는 것만이 국가를 위하는 일만은 아니라는 생각이 들었다. (113쪽)

이들은 모두 자신의 참전 행위를 애국심의 발로라고 표현한다. 그런데 여교사 출신으로 해병 대원이 되었던 강길화의 증언에는 이들의 참전이 자발성을 띤 것이라기보다는 강요된 선택에 가까웠음을 보여주는 대목이 등장한다.

> 1950년 8월 24일 경 여름방학이 끝날 무렵 전 교직원 야외놀이가 강정천변에 있었는데 사환이 찾아와서 급하게 전하는 말이 여교사들은 내일 학무

의 직접적 증언이라는 점에서 살펴볼 필요가 있다. 인용은 모두 위의 책에서 했고 쪽수만 별도로 표기한다.

과 소집명령이 내려졌다는 전갈이었다. 영문도 모르는 우리학교 여선생 3명은 학무과에 나아가 담당 장학사의 안내를 받아 설명을 들었다. 지금 김일성 괴뢰는 남한을 대부분 점령하고 대구와 부산 사이 약간의 땅만 지키고 있는 위기에 처해있는 상황을 알려주며 여교사들도 나라를 구하는데 보좌하기 위하여 입대하여야 한다는 것이었다. (…중략…)

그 어떤 것도 감수하며 이겨내리라 야무진 다짐을 하였다. 또한 쓰라렸던 4·3사건을 겪은 우리들에게는 더욱 더 투철한 국가관과 애국심의 발로였으리라. (119쪽)

전시 상황에 대한 정보가 없었던 상황에서 갑작스러운 소집 명령에 응해야 했던 강길화에게 입대는 불가피한 선택이었다. 그가 이야기하는 "투철한 국가관과 애국심의 발로"는 이러한 불가피성을 윤색하는 사후적 성격이 짙다. 『지상에 숟가락 하나』는 이러한 참전의 불가피성을 예리하게 포착한다. '국민의 일원'으로 인정받지 않으면 목숨조차 부지할 수 없었던 엄혹한 시절, 해병대 자원입대는 '국민'이고자 했던 제주인들의 선택, 바로 "폭도의 누명을 벗는 길"이었다.

타고 남은 섬 땅의 죽고 남은 사람들, 그중에서도 청년들의 희생이 막심하여 태반이 죽었는데, 이번에 그 나머지 청년들에게 출정 명령이 떨어졌다.

맨 먼저 출정한 것은 도내 중학생들로 구성된 해병 3기였다. 단시일에 치러진 벼락치기 징집이었는데, 대부분이 15세 이상 십대후반의 앳된 청소년들이었다. (…중략…)

그리하여 그 출정은, 단독정부 수립을 반대했다가 폭도, 역도의 이름으로 학살당한 그들의 선배들과의 영원한 결별을 뜻했다. 그 모순을 수락할 수밖에 없었다. 가슴마다 태극기를 말아 두른, 비장한 모습의 출정 행렬들, 그들이 섬을 떠나던 날, 읍내를 온통 흔들어놓았던 그 우렁찬 함성과 합창 소리를 나는 잊지 못한다. 죽음의 공포에 짓눌려온 섬사람들의 집단 피해의식을 뚫고 솟구쳐 오른 큰 외침, 그랬다. 두려움으로 얼어붙은 입을 뗄 수 있는 길이라곤 오직 목숨을 건 출정밖에 없었다.[42]

해병대 출정은 자발적 선택이 아니었다. 그것은 세대와의 단절이었고 공포를 이겨내기 위한 모순의 선택이었다. 앳된 제주의 청소년들이 "가슴마다 태극기를 말아 두"르고 "출정"에 나서야 했던 것은 "폭도", "역도"와의 폭력적 결별을 의미했다. 이덕구로 상징되는 장두 정신의 붕괴, "신화"가 몰락한 이후 제주인들의 선택지는 끊임없이 '폭도'가 아니라는 자기증명의 길뿐이었다. 그리고 이러한 자기증명을 통해 반공국가의 일원이 되어갔다.

『지상에 숟가락 하나』는 전시 체제기 급속도로 반공 국가의 일원으로 재편되어갔던 제주의 일상을 전깃불, 휘발유, 알코올 냄새와 해병대 출정 행렬로 그려낸다. 그것은 공간의 로컬리티가 폭력적으로 재편되어가는 과정이었다. 그러한 재편이 가능했던 것은 바로 섬 공동체의 신화가 몰락했기 때문이다.

때문에 『지상에 숟가락 하나』에서 관덕정 광장에 전시된 이덕구의 시신에 대한 묘사는 근대와 반공이라는 이름을 강요받았던 공간 배치를 거부하는 선언이다. 『지상에 숟가락 하나』은 "섬 공동체 신화"의 몰

---

42   현기영,『지상에 숟가락 하나』, 창비, 2011, 157쪽.

락이 반공국가의 국민으로 포섭되어야만 생존할 수 있었던 제주인의 숙명을 관덕정 광장이라는 장소를 통해 보여준다. 『지상의 숟가락 하나』는 한 소년을 통해 지역이 근대와 폭력적으로 마주하는 장면을 구체적이며 서정적으로 묘파하고 있는 동시에 공간의 힘으로 지역의 장소성을 탐구하는 공간과 장소의 미학을 드러낸다.

4. '지금-여기' 장소성의 재현 가능성

김석범의 『화산도』와 현기영의 『지상에 숟가락 하나』를 중심으로 공간인식의 양상과 서사적 재현의 양상을 살펴보았다. 외부인들에게 종종 제주라는 지리적 심상은 균질적이고 단일한 것으로 인식된다. 1937년 제주를 찾았던 이은상이 한라산을 민족의 신성성이 부여된 공간으로 인식하면서 한라산을 제외한 제주라는 공간의 구체성을 외면한 것은 이러한 일반적 인식을 보여주는 하나의 예라고 하겠다.[43]

김석범의 『화산도』는 제주 4·3을 형상화면서 제주, 제주 성내의 구체적 장소성을 인물 배치를 통해 구현하고 있다. 소설 속 등장인물들은 공간과 공간을 이동하며 서사의 역동성을 획득하고 있다. 이러한 역동성은 회의주의자였던 이방근의 변화로 이어지며 서사적 역동성을 획득한다. 4·3을 쓰지 않으면 생존할 수 없었다고 하는 절박함, 니힐리즘을 극복하기 위한 수단으로서 소설 쓰기는 구체적 공간을 그려내고 구체적 장소성을 부여하면서 공간을 재구성한다. 이렇게 재구성된 공

---

43   김동현, 『로컬리티의 발견과 내부식민지로서의 '제주'』, 국민대 박사논문, 2013.

간은 바로 항쟁의 역동성, 역사의 현장을 살아야 했던 당대의 기억을 소환하려는 시도였다.

『지상에 숟가락 하나』는 관덕정 광장을 제주 섬 공동체 신화의 몰락과 반공국가로의 폭력적 편입이 이뤄지는 구체적 장소로 지목하고 있다. 관덕정 광장에 전시된 이덕구의 시신은 '관권의 불의에 저항한 섬 공동체의 신화의 몰락'으로 인식되었다. 이는 결국 제주 4·3이 해방기라는 시공간에서만 발생한 우연한 사건이 아니라는 것을 보여준다. 그것은 현기영이 이미 소설화 하였던 신축항쟁 등 제주의 역사에 나타난 이른바 '장두 정신'의 흐름 속에서 제주 4·3을 인식하는 것이다. 작가 현기영의 이력 속에서 신축항쟁을 다룬 『변방에 우짖는 새』와 해녀항일운동을 다룬 『바람 타는 섬』이 놓여 있는 것은 우연이 아니다.

『화산도』가 재일(在日)의 자리에서 제주라는 공간을 상상적으로 구현하고 있다면 『지상에 숟가락 하나』는 이보다 한 걸음 더 나아간다. 이덕구의 시신이 전시된 관덕정 광장에서 관권의 불의에 저항했던 섬 공동체의 신화가 몰락하는 장면은 역설적으로 공동체의 신화가 다시 구성되어야 함을 보여준다. 즉 근대와 반공이라는 강요된 선택을 거부하고 주체적 공간 인식과 생성의 가능성을 관덕정 광장을 통해 보여주고 있는 것이다.

현기영이 유년의 기억으로부터 출발하는 이유는 과거를 복원하기 위해서가 아니다. 상실된 과거를 적극적으로 해석하고 읽어내려는 실천적 전략이다. 그렇다면 상실된 과거란 과연 무엇인가. 그것은 중앙의 질서에 편입되기 이전 제주가 지켜왔던 공동체적 가치이다. 즉 신화가 몰락하기 이전을 상상함으로써 상실되어 버린 신화의 복원을 주창하는 것이다. 앞서도 살펴보았듯이 현기영에게 제주 섬의 신화는 '관권의 불의에 항거하던 섬 공동체의 정신'을 의미한다. 관덕정 광장에 내걸린 이덕구의 시신은 섬 공동체 신화의 몰락을 상징한다. 이렇게 몰락한 섬 공동체는 빠르게 중앙으로 편입되고 갔고, 현기영은 그것을 "과거와의 단절"이라고 부른다.

앳된 청소년들이 해병대 3기로 입대하면서 '폭도', '역도'로 불렀던 '선배세대'와의 단절을 폭력적으로 경험했던 것처럼 제주 섬 공동체는 4·3 이후 중앙의 질서 속에 편입되어 가면서 과거와 단절되어 간다.

　　이렇듯 전쟁이 우리의 어린 영혼에 끼친 영향은 매우 큰 것이었다. 전쟁이 모든 것을 결정하고 모든 것을 획일적으로 통합했다. 일찍이 그 전쟁만큼 그 섬 땅에 큰 영향을 끼친 경우는 없었다. 중앙의 질서 속에서 들어간다는 것은 과거와의 단절을 의미하기도 했다.[44]

중앙의 질서 속으로 편입된다는 것은 전쟁을 통해 제주가 강제적으로 반공국가의 일원이 되어 갔음을 의미한다. 제주 4·3이라는 '절멸의 시대'를 겪으면서 생존해야 했던 제주인들에게 과거와의 폭력적 단절은 생존을 위한 불가피한 선택이었다. 이를 현재적 관점에서 재단하는 것은 결과론적인 비판일 것이다. 중요한 것은 상실된 신화가 무엇인가를 반성적으로 성찰하고 이를 통해 제주, 지역의 장소성을 다시 기입하는 일일 것이다. 지구성과 지역성의 대결에서 중요한 것이 다시 지역

44　　현기영, 『지상에 숟가락 하나』, 실천문학사, 2009, 184쪽.

으로 회귀하는 것[45]이라는 지적을 상기해보자. 지역으로 회귀한다는 것은 단순히 지역의 과거를 기억하는 것에 그치는 것이 아니다. 그것은 지구성이라는 폭력적 획일화에 맞서는 진지로서 지역을 상상하고 지역을 재구성하는 일이다. 물론 이러한 공동체의 복원이 단순히 과거의 회귀, 혹은 과거 지향이 되어서는 곤란하다. 레이먼드 윌리엄스가 말하고 있듯이 '시골'을 '유기적 공동체'로 이상화하는 태도가 아니라 도시와 시골의 권력 관계와 그러한 권력에 능동적으로 저항하며 스스로의 공동체를 만들어갔던 공동체 생성의 원동력에 더욱 주목해야 한다.[46]

이러한 점에 주목해서 장소성의 재현 가능성을 한번 타진해 보도록 하자. 김석범의 『화산도』와 현기영의 『지상에 숟가락 하나』는 장소성의 서사를 구현해고 있는데 여기에서 그려지고 있는 장소들을 소설을 토대로 재현하면 〈그림 3〉과[47] 같이 나타낼 수 있다.

앞서 살펴본 『화산도』의 공간 배치를 염두에 둔다면 ㉮는 이방근의 집 ㉯는 양준오의 하숙집 ㉰는 유달현의 하숙집 ㉱는 박산봉의 집이다. 물론 소설 속에서 재현된 공간이기 때문에 지리적으로 정확한 지번을 확인할 수는 없다. 하지만 위 지도에서 확인할 수 있듯이 『화산도』의 인물 배치는 제주 성내 동서남북으로 산재되어 있다. 이러한 인물 배치는 결국 제주 성의 주요 거리들을 인물들의 주요 동선으로 삼으면서 서사적 역동성을 획득하는 장치로 작용하고 있다. 소설의 초입부에서 남승지가 동문로에서 관덕정 앞 버스정류장까지 이동하는 것은 이 소설이 제주의 성안을 주요 무대로 이야기를 전개하고 있음을 보여준다. 이

---

45 앙리 르페브르, 양영란 역, 『공간의 생산』, 에코리브르, 2011 참조
46 레이먼드 윌리엄스, 이현석 역, 『시골과 도시』, 나남, 2013. 참조
47 이 지도는 제주포럼C가 2015년 12월 제작한 〈제주원도심 문화유산 지도〉의 일부분이다.

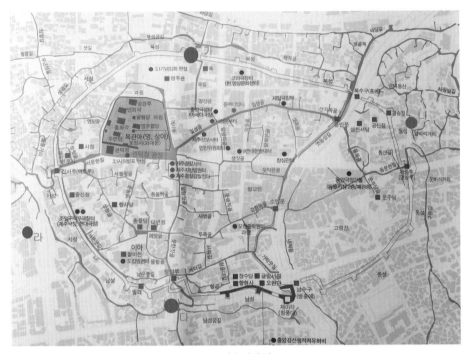

〈그림 3〉 제주 성내 지도

러한 서사 배치의 의미는 앞서 말한 바와 같다.

　이를 바탕으로 일종의 스토리텔링의 가능성을 타진할 수 있는데, 각 인물들의 공간 배치와 지도에서 나와 있는 것과 같이 제주의 옛 거리들을 선으로 이을 수 있는 문학 공간의 답사가 가능하다. 또한 지도에서 목관아지로 표시되고 있는 부분은 제주시 관덕정인데 여기에는 현기영의 『지상에 숟가락 하나』에 나타난 공간 인식을 상징하는 현재적 장소성을 보여줄 수 있다. 이를 토대로 소설 속에서 등장하는 각 인물들의 동선과 제주의 옛길을 잇는 길들을 상정할 수 있다. 동에서 서로 이어지는 남승지의 길, 남북 방향으로 이어지는 이방근과 유달현의 길,

그리고 제주 성안에서 병문천 밖으로 이어지는 박산봉의 길 등을 새롭게 명명할 수 있을 것이다. 이처럼 김석범과 현기영은 제주의 장소성을 소설에서 적극적으로 활용하면서 제주의 광장, 제주의 거리를 또 다른 주인공으로 내세우고 있다고 할 수 있다.

‖ 참고문헌 ‖

[자료]

김석범, 김환기·김학동 역,『화산도』1~12권, 보고사, 2015.

김석범,『까마귀의 죽음』, 각, 2015.

현기영,『지상에 숟가락 하나』, 실천문학사, 1999.

제주특별자치도,『제주도 1962~1980』, 2012.

『제주신문』

[논문 및 단행본]

김동윤,「원도심 재생을 통한 제주형 인문도시의 모색」,『시민인문학』제28호, 경기대 인문학연
　　　구소, 2015.

김동현,「제주 원도심을 해석하는 문화지리학적 상상력」,『제주작가』제49호, 제주작가회의, 2015,
　　　23~28쪽.

_____,「지역을 상상하는 두 개의 방식-1960년대 제주를 중심으로」,『한국지역문학연구』제5
　　　집, 한국지역문학회, 2014, 5~23쪽.

_____,『로컬리티의 발견과 내부식민지로서의 '제주'』, 국민대 박사논문, 2013.

김석범·김시종, 이경원·오정은 역,『왜 계속 써왔는가 왜 침묵해왔는가』, 제주대 출판부, 2007.

박경훈,『제주담론』2, 도서출판 각, 2014.

정호기,「국가의 형성과 광장의 정치-미군정기의 대중동원과 집합행동」,『사회와 역사』제77
　　　집, 한국사회사학회, 2008.

제주도,『제주시 원도심 활성화 중·장기 종합마스터플랜』, 2013.5.

제주발전연구원,『제주원도심 도시재생 전략 연구』, 2013.

제주방어사령부,『제주와 해병대』, 1997.

제주시,『제주시50년사』, 제주시50년사편찬위원회, 2005.

진성기,『제주도학』제1집 개관편, 인간사, 1962.

하정일,「눈물 없는 비관주의를 넘어서」,『창작과비평』104, 창비, 1999.

해병대사령부,『해병전투사』, 1962.

데이비드 하비, 최병두 외역,『희망의 공간-세계화, 신체, 유토피아』, 한울, 2009(초판 2001).

레이먼드 윌리엄스, 이현석 역,『시골과 도시』, 나남, 2013.

마르쿠스 슈뢰르, 정인모·배정희 역,『공간, 장소, 경계』, 에코리브르, 2010.

앙리 르페브르, 양영란 역,『공간의 생산』, 에코리브르, 2011.
에드워드 랠프, 김덕현 외역,『장소와 장소상실』, 논형, 2005.
오토 프르디리히 볼노, 이기숙 역,『인간과 공간』, 에코리브르, 2014.

II. 일본편

장소 정체성의 획득을 위한 이미지 스토리텔링 사례

일본 오사카, 사가, 다케오의 미디어 파사드 쇼

임동욱

1. 머리말

특정 지역을 식별하는 데 도움을 주는 거대한 사물을 흔히 '랜드마크 (landmark)'라 부른다. 랜드마크는 주변환경과 어우러져 고유의 경관 (landscape)[1]을 만들어내며 사람들의 눈에 뜨여 독특한 기억을 남긴다. 세계 각 지역은 특징적인 랜드마크를 내세워 긍정적인 이미지를 각인시키고 관광객을 끌어들여 지역경제를 활성화하는 데 노력하고 있다. 인구가 밀집된 대도시에서는 사람들의 눈에 띄는 고층 건물이 랜드마크 역할을 맡는다. 이름만 들어도 어느 나라 또는 어느 도시인지 알 수 있는 에펠탑, 타워브리지, 엠파이어스테이트, 부르즈칼리파, 둥팡밍주 등의

---

[1] 2016년 공포된 우리나라의 「경관법」은 '경관(景觀)'이란 자연, 인공 요소 및 주민의 생활상(生活相) 등으로 이루어진 일단(一團)의 지역환경적 특징을 나타내는 것을 말한다"고 규정하므로, 인간이 만든 건축물이나 공원도 경관을 구성하는 요소가 된다.

건축물이 이에 해당한다. 경관은 일반적으로 해가 떠 있는 낮의 풍광을 가리키지만, 조명기술의 발달 덕분에 최근에는 야경(nightscape)을 아름답게 조성하려는 도시 간의 경쟁도 커지는 추세다. 특히 랜드마크가 될 만한 거대 건축물을 조명 빛으로 밝히거나 영상을 투사해 새로운 모습으로 탈바꿈시키는 미디어 파사드(media façade) 기술을 적용시키는 사례가 늘어난다.

'미디어 파사드'는 매체와 매개물을 뜻하는 미디어(media)와 건물의 외벽 중 주된 앞면을 가리키는 파사드(façade)가 합쳐진 용어로서, 건물의 외벽에 조명이나 디스플레이를 설치하고 갖가지 이미지를 등장시켜 하나의 미디어로 활용하는 기법을 가리킨다. 그러나 조명이나 디스플레이를 직접 설치하는 방식은 신축 건물에만 적용이 가능하므로, 최근에는 컴퓨터그래픽 영상을 제작해서 멀리 떨어진 건물에 투사하는 '프로젝션 매핑(projection mapping)' 방식이 도입되기 시작했다. 문, 창틀, 기둥, 처마, 부조 등 건물 외벽의 불균일한 표면을 측정해서 정밀한 지도(map)를 만들고 그에 맞춰 영상을 투사(projection)한다는 뜻이다. 건물에 적용할 경우 '프로젝션 파사드(projection façade)'라고도 불리는 이 기법은 조명 설치에 비해 화재와 훼손의 우려가 적고 건물의 바깥 면에 정확히 일치하는 영상 소스를 투사한다는 것이 장점이다. 페인트 칠을 직접 하지 않고도 전혀 다른 새로운 이미지를 덧씌워 겉모습을 탈바꿈시키기 때문에 낮에는 불가능했던 변신을 다채롭게 시도할 수 있다. 건립 당시 과거의 모습을 오늘날 그대로 되살린다거나, 불길에 휩싸이고 갑자기 무너지고 다시 지어지는 등의 역동적인 모습도 연출이 가능하다. 조명이나 영상 기술을 이용해 일정 시간 동안 진행되는 볼거리를 제공하는 콘텐츠를 가리켜 '미디어 파사드 쇼(media façade show)'라 한다. 프로젝션 매핑을 이용할 경우에는 '프로젝션 쇼(projection show)'라 부르기도 한다.

미디어 파사드 쇼가 시작된 곳은 프랑스다.[2] '송에뤼미에르(Son et Lumière)'라 불리는 이 장르는 1950년대 처음 등장한 이후 조명, 영상, 음향 등 기술의 발전에 맞추어 수십 년 동안 변화를 거듭해왔으며 이제는 세계 각국의 야경 콘텐츠로 자리매김했다. 본 연구는 일본 오사카[大阪], 사가[佐賀], 다케오[武雄]를 중심으로 미디어 파사드 쇼의 기술적 발전과 이를 이용한 이미지 스토리텔링 기법을 분석하고자 한다.

2. 미디어 파사드와 장소성의 결합

전기 조명을 본격적으로 또 대규모로 선보인 것은 파리에서 열린 1900년 만국박람회(Exposition Universelle)와 1937년 국제박람회(Exposition Internationale)에서다. 두 차례의 박람회에서 가장 큰 관심을 끈 것은 '전구'였다. 에펠탑 인근의 샤이요 궁전, 앵발리드, 팡테옹 등 시내 곳곳의 건물 외벽에 야간 조명이 설치되고 세느강 일대에는 음악회와 불꽃놀이가 연달아 펼쳐졌다. 사람들은 전기 조명을 "요정(Fée)"[3] 또는 "여왕(Reine)"[4]이라 부르며 찬사를 보냈다. 이때까지 조명은 그저 시각적인 볼거리만을 제공했다.

---

2   임동욱, 「'빛과 소리의 쇼'를 통한 역사유적의 장소성 극대화─프랑스 '송에뤼미에르' 콘텐츠의 발전 과정」, 『글로벌문화콘텐츠』 23, 글로벌문화콘텐츠학회, 2016, 160쪽.

3   Beltran, Alain, "*La Fée Electricité, Reine et Servante*," Vingtième Siècle : Revue d'Histoire 16, 1987, p.92.

4   Bloch, Jean-Jacques & Delort, Mariane, Quand Paris allait à l'Expo, Fayard, 1980, p.187.

음악에 맞춰 빛이 켜지고 꺼지는 쇼도 있었지만 스토리텔링 방식은 아니었다.

최초의 미디어 파사드 쇼가 펼쳐진 것은 샹보르(Chambord) 왕궁이다. 파리에서 남쪽으로 180킬로미터 떨어진 이곳에서 1952년 5월 30일 '샹보르의 화려한 나날들(Les Très Riche Heures de Chambord)'이 펼쳐졌다. 연출가는 샹보르 왕궁의 복원책임자인 폴 로베르-우댕(Paul Robert-Houdin)이었다. 파리 박람회 이후 전기 조명의 발전을 지켜본 로베르-우댕은 스테레오 음향기술이 발명되자 이를 결합시키고 스토리텔링을 가미해 조명, 음향, 음악이 하나로 합쳐진 미디어 파사드 쇼를 만들어냈다.[5]

로베르-우댕의 쇼는 삽시간에 전국으로 퍼져나갔다. 7월에는 대통령이 직접 방문해 관람을 했고 이후 프랑스 전역에서 기술 문의가 이어졌다. 몇 년 뒤에는 이집트, 그리스, 튀니지 등 유럽에서 비교적 가까운 국가들도 프랑스의 기술자를 초빙해 스핑크스와 파르테논 신전 등의 랜드마크에 조명을 밝혀 미디어 파사드 쇼를 기획했다. 당시 언론에서 '소리와 빛의 무도극(Ballet du Son et de la Lumière)'[6]이라는 표현을 사용했고 미디어 파사드의 프랑스어 명칭은 소리(son)와 빛(lumière)

© Wikipedia
〈그림 1〉 조명이 밝혀진 1950년대 샹보르 궁성의 야경

---

5   Garrett, Pierre-Frédéric, Les Premiers Son et Lumière (1952-1961), Ecole Nationale Supérieure de Bibliothécaires, 1990, p.55.
6   위의 책, p.55.

이 결합되었다는 의미인 '송에뤼미에르(Son et Lumière)'로 굳어졌다. 영어로는 '사운드 앤드 라이트 쇼(Sound & Light Show)'라 하며 우리말로는 '조명·영상쇼'라고 번역할 수 있다.

이것이 '1세대 송에뤼미에르'이며, 이후 1960년대에는 '2세대 송에뤼미에르'로서 건축물 앞에 배우들을 등장시켜 역사 속 특정 장면을 연출해 서 있게 하는 '타블로 비방(Tableau Vivant)' 이른바 '살아있는 그림'이라는 장르가 번져나갔다. 1970년대 후반에는 '3세대 송에뤼미에르로'서 랜드마크가 되는 건축물 앞에서 지역 주민들이 자기 고장에서 벌어진 역사적 사건을 연극으로 재현하는 '역사야외극(Spectacle Historique)'이 유행했다.[7] 1990년대 들어서는 앞서 언급한 프로젝션 매핑과 컴퓨터 그래픽 기술이 등장하면서 건물 외벽에 고해상도 영상을 투사하는 '4세대 송에뤼미에르'의 시대가 열렸다. 현재 프랑스 대다수의 도시와 지자체에서는 성채, 성당, 저택 등 역사유적에 조명을 비추고 영상을 투사하는 송에뤼미에르 콘텐츠를 여름마다 선보여 수많은 관광객들을 끌어들이고 있다.

현대 도시의 미디어 파사드가 신축 고층 건물을 대상으로 하는 반면에 프랑스 대부분의 송에뤼미에르는 역사유적을 활용해서 진행된다. 어느 유적이든 역사적 사건에 기반한 고유한 이야기를 간직하기 마련인데, 관련 사건을 연관 장소에서 이야기하는 것만으로도 특별한 느낌을 줄 수 있다. 인문지리학에서는 일반적인 위치를 '공간(space)'이라 부르는 한편 사람들이 특별한 의미를 부여하는 곳을 '장소(place)'라 부른

---

7   Fillaud, Bertrand, *Les Magiciens de la Nuit : Son et Lumière*, Sides, 1993, p.9-29.

다. 일상에서 공원을 지나갈 때도 사람마다 의미 부여의 정도가 다르
다. 산책을 나온 사람에게 운동과 소통의 '공간'이지만 헤어진 연인과
의 기억을 가진 사람에게는 추억의 '장소'가 된다.[8] 로베르-우댕은 역
사유적에 얽힌 전설과 실제 이야기를 극본으로 만들고 이를 조명과 음
향 기술과 결합시켜 스토리텔링 효과를 극대화시켰고, 덕분에 샹보르
왕궁을 인근의 관광지와는 차별되는 고유한 장소적 특징 즉 '장소성'
을 살려낸 것이다.

　인본주의 지리학자 에드워드 렐프(Edward Relph)는 장소 개념과 정체
성 개념을 결합시켜 '장소 정체성(identity of place)' 이론을 도출해냈다.[9]
장소 정체성은 '장소성'과 '장소감'으로 나뉜다. 일반적으로 사용하는
장소성(placess)이라는 용어는 '장소가 가진 정체성(identity of a place)' 즉 특
정 장소 자체에 내재되어 있는 정체성을 가리킨다. 이에 비해 인문지리
학에서 장소의 특징으로 지목하는 장소감(sense of place)은 '장소에 대한
정체성(identity with a place)' 즉 해당 장소에 있는 사람들이 느끼는 정체성
을 뜻한다. 이 두 가지가 일치하는 장소에 대해 우리는 '장소 진정성
(authenticity of place)'을 가졌다거나 장소가 품은 내부성(insideness)에 가까
이 다가갔다고 말할 수 있다. 반면에 맥락이나 상황을 고려하지 않고
뜬금없이 지어진 건물이나 장소는 '무장소성(placelessness)' 또는 '장소상
실'이라고 불러야 하며 장소의 내부성에 진입하지 못한 채 외부성
(ousideness)에만 머물러 있다고 보아야 한다.

　현대 도시가 신축 고층 건물을 대상으로 미디어 파사드 쇼를 진행하

8　전종한 외,『인문지리학의 시선』, 사회평론, 2012, 35쪽.

9　Relph, Edward, Place and Placelessness, Pion, 1976, pp.44~50.

는 데 비해서 프랑스 대부분의 송에뤼미에르는 역사적 사건을 겪은 건물과 유적을 배경으로 삼는데, 이것은 장소가 가진 정체성 즉 '장소성'을 살리는 작업이다. 또한 도시민들이 미디어 파사드 쇼를 단순한 볼거리로 여기는 반면에 프랑스의 송에뤼미에르는 지역민들이 공감할 수 있도록 지역사에 관련된 소재를 영상에 담아내는데, 이것은 장소에 대한 정체성 즉 '장소감'을 배려한 행위이다. 이렇게 장소성과 장소감을 일치시킨 덕분에 송에뤼미에르는 '장소 진정성'을 획득할 수 있으며 덕분에 해마다 많은 관광객을 끌어들이고 지역민들의 자발적인 협조를 얻어내는 것으로 보인다.[10]

장소 정체성 (identity of place)

장소 진정성 (authenticity of place)	장소성 (placeness)	장소가 가진 정체성 (identity of a place)	무장소성 (placelessness)
내부성 (insideness)	장소감 (sense of place)	장소에 대한 정체성 (identity with a place)	외부성 (outsideness)

렐프에 의한 장소 정체성 구분

3. 이미지 스토리텔링의 작용 구조

미디어 파사드 쇼는 조명, 영상, 음향, 음악 등을 통해 장소가 가진 고유의 정체성을 스토리텔링화하고 관람객들에게 전달함으로써 그와 일치된

---

10   Relph, Edward, Place and Placelessness, Pion, 1976(내용을 토대로 하여 표로 재구성)

장소감을 느끼게 만든다. 이것은 송신자(addresser)가 접촉(contact)을 통해 수신자(addressee)에게 상황적 맥락(context) 위에서 메시지(message)를 전달한다는 로만 야콥슨(Roman Jakobson)의 커뮤니케이션 모델에 일치한다.[11] 다만 내레이션, 설명, 연기 등 구체적인 전달보다는 이미지, 도상, 색채 등 해석의 여지가 많은 비주얼 요소들에 의존하므로 해당 콘텐츠 안에 담긴 코드(code)를 이해하지 못하면 커뮤니케이션 과정을 제대로 완성할 수 없다. 이 코드는 문화적, 사회적, 역사적 배경지식을 가진 송신자가 유사한 맥락에 있는 수신자에게 특정 의도를 전달하기 위해 심어놓은 것이며 송신자의 암호화(encoding)와 수신자의 해독(decoding) 간에 오류(noise)가 발생하지 않도록 기준 역할을 맡는다. 그러므로 미디어 파사드 쇼를 감상할 때는 '코드'에 해당하는 핵심적인 도상(icon)을 발견해내야 하며 이를 배경 상황과 연결함으로써 각 장면의 의미를 파악할 수 있다. 이러한 과정은 '이미지 스토리텔링(image storytelling)'이라 불리는 방식에 가깝다.

스토리텔링은 스토리(story)를 전달하는(tell) 행위(ing)를 뜻하는데, 여기서 스토리는 완성된 이야기 콘텐츠가 아니라 아직 구체적인 의도가 담기지 않은 채 과거 또는 머릿속에 존재하는 '이야기 소재'를 가리킨다. 츠베탕 토도로프(Tzvetan Todorov)의 이스투아르(histoire), 시모어 채트먼(Seymour Chatman)의 스토리(story),[12] 제라르 주네트(Gérard Genette)의 이스투아르(histoire) 등 서사학(narratology) 연구자들의 관점도 이와 동일하다. 이 소재를 전달하는 행위와 구체적인 결과물을 합쳐 토도로프는 디

---

11   Roman Jakobson, "Linguistics and Poetics", *Jakobson : Language and Literature*, Harvard University Press, 1987, p.71.

12   Chatman, Seymour, *Story and Discourse : Narrative Structure in Fiction and Film*, Cornell University Press, 1978, p.9.

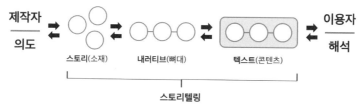

스토리텔링을 통한 제작자와 이용자의 소통

스쿠르(discours), 채트먼은 디스코스(discourse)라 불렸으며, 주네트는 행위와 결과물을 각각 나라시옹(narration)과 레시(récit)로 구분했다.[13]

그런데 스토리텔링은 스토리라는 소재에 작자(author)의 의도를 담아 이를 작품으로 만들어 독자(reader)에게 전달하는 과정이다. 반대로 독자들은 단순히 작품을 읽기만 하는 것이 아니라 그 의미를 파악하고 자신의 상황에 대입시켜 새롭게 이해하는 적극적인 해석 행위 즉 야콥슨 모델에서의 '해독' 과정을 거친다. 이 과정에서 공통적으로 발견되는 것은 작가의 의도를 담는 그릇이자 독자의 해석으로 유추되는 이야기 뼈대 즉 내러티브(narrative)가 존재해야 한다는 점이다. 결국 '스토리(소재)'는 작가의 의도에 따라 재구성되어 '내러티브(뼈대)'를 이루고 인물 또는 배경 등의 구체성을 가지면서 '텍스트(콘텐츠)'로 재탄생되며 이 전체 과정을 스토리텔링이라고 볼 수 있다. 이것은 알지르다스 그레마스(Algirdas Greimas)가 심층(niveau profond), 서사구조(structure discursive), 담화층(niveau de surface)의 3단계로 표현한 '의미생성모델(parcours génératif de la signification)'과 유사한 방식으로 작동한다.[14] [15]

13   Herman, Luc & Vervaeck, Bart, *Handbook of Narrative Analysis*, University of Nebraska Press, 2001, p.45.

14   박인철,『파리 학파의 기호학』, 민음사, 2003, 119~120쪽.

15   임동욱, 「비극적 역사의 동일시와 정체성화를 통한 지역 관광지의 장소성 확보 전략 ― 프랑스의

특정 지역의 랜드마크나 역사유적을 배경으로 하는 미디어 파사드 쇼는 제작, 상영, 관람, 해석의 순서로 진행된다. 위의 이미지 스토리텔링 모델을 대입해 제작자와 이용자 간의 커뮤니케이션 경로와 단계를 알아내면 다음과 같은 구조를 도출할 수 있다. ① 제작자는 대상 지역의 여러 특색과 정체성 중에서 중점적으로 전달하려는 부분을 선정해 핵심 의도로 삼는다. ② 지역의 역사, 인물, 사건 등을 살펴보고 스토리 소재들을 선별한다. ③ 핵심 의도가 전달될 수 있도록 이야기 뼈대를 만든다. ④ 시청각 요소를 동원해 구체적인 결과물을 만들어 콘텐츠화한다. ⑤ 이용자는 콘텐츠를 감상하고 체험하면서 호감을 느낀다. ⑥ 공감과 몰입이 강해지면서 이야기 뼈대를 파악하기 시작한다. ⑦ 콘텐츠 내부의 정보를 인지하거나 또는 현실의 정보를 추가로 접하면서 제작자의 의도를 이해한다.

4. 일본의 미디어 파사드 쇼 분석

프로젝션 매핑과 결합된 4세대 송에뤼미에르는 일본에 도입된 이후 기술적 발전을 거듭하고 있다. 대표적인 사례로 오사카, 사가, 다케오 등 3개 시에서 진행한 미디어 파사드 쇼를 꼽을 수 있다. 오사카 시는 여러 층의 기와지붕이 얹힌 비정형의 오사카성 천수각을 배경으로 프로젝션 파사드 쇼를 제작했다. 사가 시는 사가현청 건물 내부의 전망 유리창에 영상을 투사하고 이를 바깥 야경과 결합시키는 증강현실 방식

옥시타니아 문화부흥 운동을 중심으로」, 한국외대 박사논문, 2014, 51쪽.

의 독특한 프로젝션 쇼를 만들었다. 다케오 시는 미후네야마라쿠엔 공원 내의 연못 수면 위에 영상을 비스듬히 투사하는 새로운 방식을 구현했다. 이것은 건물 외벽뿐만이 아니라 유리창과 수면을 파사드(façade)로 바라보는 발상의 전환이라 평가된다. 이들 발전된 기술을 체험하기 위해 명소를 찾아온 관람객들은 이제 미디어 파사드 쇼를 감상하며 핵심 도상을 통해 코드를 이해하고 지역의 고유성을 부각시키려는 제작자의 의도에 이르는 적극적 해석을 하게 된다.

1) 오사카성의 사례

첫째로 살펴볼 사례는 오사카성[大阪城]에서 진행된 프로젝션 파사드 쇼(projection façade show)다. 일본의 지방 행정조직은 크게 광역자치단체 도-도-부-현[都道府県]과 기초자치단체 시-정-촌[市町村]으로 구분되는데, '오사카[大阪]'라는 명칭은 광역자치단체인 오사카부[大阪府]와 더불어 기초자치단체인 오사카시[大阪市]를 모두 가리킨다. 오사카부는 일본의 국토를 구분하는 8개의 지방 중에서 간사이[関西]라고도 불리는 긴키[近畿] 지방에 속해 있다.[16] 오사카부청이 소재한 오사카시는 2014년 7월 기준 인구 268만 명으로 긴키 지방 내 최대 도시이다. 본 논문에서 '오사카'는 오사카시를 가리키는 명칭으로 사용할 것이다.

오사카를 대표하는 랜드마크로는 '오사카성'을 꼽을 수 있다. 오사카

---

16   일본의 국토를 크게 홋카이도[北海道], 도호쿠[東北], 간토[関東], 주부[中部], 긴키[近畿], 주고쿠[中国], 시코쿠[四国], 규슈[九州] 등 8개 지방으로 나뉜다. 그중 긴키 지방은 미에현[三重県], 시가현[滋賀県], 교토부[京都府], 오사카부[大阪府], 효고현[兵庫県], 나라현[奈良縣], 와카야마현[和歌山県]의 7개 도도부현으로 구성되어 있다.

성이 위치한 곳에는 본래 1496년 일본 불교 일파인 정토진종[浄土真宗]의 제8대 종주 렌뇨[蓮如]가 '이시야마혼간지[石山本願寺]'를 건립했으며, 이를 1580년 제11대 종주 겐뇨[顕如]가 전국시대를 평정한 오다 노부나가[織田信長]에게 바쳤다. 노부나가 사후 권력을 물려받은 도요토미 히데요시[豊臣秀吉]가 1583년 이곳에 오사카성을 짓고 각지의 상공인들을 불러모으면서 비로소 오사카는 대도시로서 발전을 시작했다.[17]

히데요시의 오사카성은 인근 시가현에 위치해 있던 노부나가의 아즈치성[安土城]을 본땄지만 더 큰 규모로 지어졌으며 일본 통일의 본거지로 사용되었다. 일본의 성은 위치에 따라 산 위에 지어진 산성(山城), 평지에 지어진 평성(平城), 야트막한 언덕에 지어진 평산성(平山城)으로 구분된다.[18] 오사카성은 도시 내에 위치한 평성이면서 주위에 해자(垓子)를 구축해 물을 채우고 석벽(石壁) 위로 5층의 '천수각(天守閣)'을 올려 방어를 강화한 것이 특징이다.

그러나 히데요시 사후 도쿠가와 이에야스[徳川家康]는 도요토미 가문에 대항해 1600년 '세키가하라 전투[関ヶ原の戦い]'를 벌여 승리했고, 쇼군[将軍]에 취임한 후 1614년에는 오사카 전투[大坂の役]를 통해 도요토미 가문을 재차 공격하면서 오사카성은 대부분 파괴되었다. 1629년 아들 도쿠가와 히데타다[徳川秀忠]는 이전보다 천수각을 더 높이 쌓아 새로운 오사카성을 지었는데, 천수각 주변으로는 어전(御殿)과 언덕 모양의 방어벽[山里曲輪]을 배치해 본성(本丸)을 완성했으며 물 없는 해자

---

17   오사카시 공식 웹사이트 참조
      http://www.city.osaka.lg.jp/contents/wdu020/korean/events_tourism/history/overview.html
      (검색일 : 2016.09.30)
18   三浦正幸, 『面白いほどよくわかる日本の城』, 日本文藝社, 2008, p.173.

위로 2개의 다리를 지어 외성(外城)과 연결했다. 외성 바깥은 물을 채운 해자가 둘러쌌고 사방으로 3개의 다리와 1개의 도개교가 놓였다.[19] 그러나 이마저도 1665년 낙뢰로 인해 화재가 발생하면서 소실되는 바람에 오사카성은 250년 가까이 석벽과 주변 망루만 남은 상태로 유지되었다.

19세기 말 일본이 근대국가로 변모하며 군사력을 강화하는 과정에서 오사카는 군수공장이 밀집된 거대도시 '대오사카(大大阪)'로 거듭났다. 도쿄, 교토와 더불어 삼도(三都)로 불리던 오사카의 부흥을 기념하기 위해 1925년 박람회를 개최했고, 예전의 위용을 되살리기 위해 오사카성 천수각 터에 '풍공관(豊公館)'이라는 이름의 2층 목조건물 전망대가 설치되었다.[20] 이를 계기로 천수각 복원 움직임이 커지면서 150만엔에 이르는 천수각 복원과 군사령부 신축 비용을 시민의 모금으로 조달했고 마침내 1930년 복원 공사가 시작되어 1931년 11월 천수각이 준공되었다.[21] 제2차 세계대전 당시 오사카는 50차례가 넘는 공습을 받아 도시 대부분이 파괴되었지만 오사카성은 별다른 피해를 입지 않았다.

사실 오사카성은 원형 그대로의 목조가 아닌 철근 콘크리트를 이용해 겉모습만 흉내내 지은 현대식 건물이다. 오사카성이 위치한 곳이 예전에는 닌토쿠 천황(仁德天皇)의 '다카츠 궁궐(高津宮)'과 고도쿠 천황[孝德天皇]의 나가라노 '도요사키 궁궐[長柄豊碕宮]'이었다는 연구가 발표되

---

19 三浦正幸, 같은 책, 2008, 84~87쪽.
20 박진한, 「오사카, 도쿄를 넘어 동북아의 중심으로」, 이영석·민유기 외, 『도시는 역사다』, 서해문집, 2011, 83~87쪽.
21 박진한, 「근대도시 오사카의 상징물과 기억공간의 형성—'오사카성(大阪城) 천수각(天守閣)' 재건사업(1928~1931)을 중심으로」, 『인천학 연구』 11, 인천대 인천학연구원, 2009, 20~22쪽.

2013년 12월 오사카에서 열린 '슈퍼 일루미네이션' 포스터

기도 했고[22] 쇼와 천황[昭和天皇]의 즉위식을 기념하는 역할도 담당해야 했기에, 화재에 잘 견디는 건물을 지어 영구히 보존하자는 요구가 반영된 결과다.[23] 이후 쇼와 천황이 1932년 11월 직접 방문함으로써 오사카성은 도요토미 히데요시와 쇼와 천황을 기억하는 장소로 자리매김하게 되었다.

그로부터 81년이 흐른 2013년 12월 14일 오사카성에서 '천하제일 빛의 예술제[天下一の光の藝術祭]'가 거행되었다. 이듬해 2월 16일까지 계속된 이 행사는 '오사카성 3D 매핑 슈퍼 일루미네이션[大阪城3Dマッピングスーパーイルミネーション]'이라는 부제를 달았다. 천수각 건물을 스크린 삼아 프로젝션 매핑(projection mapping) 기법으로 제작된 컴퓨터그래픽 거대 영상을 투사하는 쇼를 가리킨다.

---

22   三浦周行, 「難波津と皇室」, 『大大阪』 5-2, 1929, p.14(박진한(2009)에서 재인용).
23   박진한, 같은 책, 2009, 23쪽.

전체 영상은 10분 분량으로 오사카성에 얽힌 역사적 사건을 재구성했으며,[24] 한국 업체인 미디어엔메세(Media En Messe)가 제작을 담당해 눈길을 끌기도 했다.[25] 영상의 내용은 크게 10개의 시퀀스(sequence)로 구분할 수 있다.

① 벚꽃잎이 흩날리며 천수각이 여러 색채로 장식된다.

② 여러 가문의 상징 문양들이 천수각에 새겨지고 샤치호코가 등장한다.

③ 천수각이 칼질에 의해 반으로 쪼개지고 호랑이가 대포 공격을 받다가 성을 떠나고 화재가 발생한다.

④ 천수각이 붕괴되면 곳곳에 혼령들이 나타나서 절규하며 돌아다닌다.

⑤ 여러 자재들이 쌓아올려지며 천수각이 재건된다.

⑥ 현대 일본을 대표하는 J-pop을 소재로 한 비주얼 아트가 펼쳐진다.

⑦ 컴퓨터그래픽에 의해 천수각이 3차원적으로 변모한다.

⑧ 꽃이 만발하고 나비가 날아다니다가 샤치호코와 호랑이가 등장한다.

⑨ 샤치호코가 용으로 변하여 천수각을 휘감다가 벚꽃으로 변한다.

⑩ 벚꽃이 나비로 변하고 천수각이 황금색으로 빛난다.

영상에서 주목해야 할 핵심 도상은 '호랑이', '물고기', '나비'의 3가지이다. 첫째로, 호랑이는 '후세토라[伏虎]'로 불리며 먹이를 낚아채기 위해 바짝 엎드린 모습이다. 히데요시가 성을 축조했을 때 천수각 사방에 8마리가 조각되었으며 현대의 복원 과정에서 되살렸다. 일본에는

---

24   영상 링크: https://youtu.be/UyJMKqPUijM (검색일 : 2016.09.30)

25   프리미엄조선, 「일본 오사카의 명소 '천수각'에 韓流의 물결 일고 있다는데…」, 2014.1.18.

호랑이가 없지만 임진왜란 당시 일본의 장수들이 호랑이 사냥을 즐겼다는 기록을 볼 때 조선에서 본 것을 그대로 그린 것으로 추정된다. 둘째로, 물고기는 '샤치[鯱]' 또는 '샤치호코[魚虎]'로 불리며 맹수의 머리에 비늘 달린 몸통으로 이루어져 있다. 히데요시의 천수각 꼭대기에 암수 1쌍의 기와 형태 '샤치가와라[鯱瓦]' 2개가 올려져 있었으며 최근 복원되었다. 나중에 용으로 변신하기도 하는 샤치는 물을 상징하며 화재로부터 천수각을 지키는 역할을 한다. 용은 군주를 뜻하기도 하므로 쇼와 천황의 오사카성 방문을 기념하는 의미로 볼 수도 있다. 셋째로, 나비는 '쵸쵸[蝶蝶]'로 불리며 벚꽃이 핀 오사카성을 날아다니는 평화와 안정의 상징이다.

이 3가지 도상은 칼질이 뜻하는 오사카 전투 당시의 중세 일본과 비주얼 아트가 의미하는 현대 일본 간에 연결성을 강화시킨다. 현재의 천수각은 철근 콘크리트로 지어진 건물이어서 원형을 제대로 되살리지 못했다는 비판을 받는다. 오사카는 건물 외벽에 영상을 투사하는 미디어 파사드 쇼를 통해 고유의 의미를 주장하는 동시에 복원한 도상적 요소를 통해 장소 진정성을 부여하려는 시도를 한 것으로 분석된다.

2) 사가현청의 사례

둘째로 살펴볼 사례는 사가현청[佐賀県庁]에서 진행된 증강현실 프로젝션 쇼(AR projection show)다. 사가현[佐賀県]은 일본 최남단에 위치한 규슈 지방에 속해 있으며 소속 10개 시(市)와 13개 정(町) 중에서 현청 소재지는 사가시[佐賀市]다.[26]

규슈의 북쪽에 위치한 사가현은 한반도에서 전해진 문화와 문물의 주요 도래지이다. 신석기 시대인 조몬시대[繩文時代] 후에 이어진 기원 전 3세기부터 기원후 3세기까지의 야요이시대[弥生r代]에는 일본에서 처음으로 벼농사가 시작된 곳이기도 한다.[27] 1989년 사가현 내 간자키 정[神埼町], 미타가와정[三田川町], 히가시세후리촌[東背振村] 등 3개 지역 에서 12만 평 규모의 일본 최대 야요이시대 마을 유적이 발견되었으 며, 그중 일부 지역이 2001년 4월 국영으로서 '요시노가리[吉野ヶ里] 역 사공원'으로 조성되었다.[28]

규슈 북쪽 지방은 고대에는 화산이 많다는 의미의 '히노쿠니[火国]' 에서 유래된 '히노쿠니[肥国]'로 불렸다가, 사가현과 나가사키현 중심의 '히젠노쿠니[肥前国]'와 구마모토현 중심의 '히고노쿠니[肥後国]' 등 2개 의 율령국으로 나뉘었다.

이후에도 사가현은 한반도와 연관된 사건들을 연속적으로 겪었다. 임 진왜란 즈음에는 도요토미 히데요시가 가라츠[唐津] 인근에 오사카 성에 이어 전국 두 번째 규모의 '히젠나고야성[肥前名護屋城]'을 쌓고 130명이 넘는 전국의 다이묘[大名] 영주들을 집결시켜 조선 침공의 기지로 삼았 다.[29] 정유재란으로 이어진 기간 동안에는 히젠 지역의 나베시마[鍋島] 가문에 의해 다수의 조선 도공[陶工]들이 납치되었는데, 그중 도조[陶祖]

---

26 규슈 지방은 후쿠오카현[福岡県], 사가현[佐賀県], 나가사키현[長崎県], 구마모토현[熊本県], 오 이타현[大分県], 미야자키현[宮崎県], 가고시마현[鹿児島県], 오키나와현[沖縄県] 등 8개 도도부 현으로 구성되어 있다.

27 박석순 외, 『일본사』, 대한교과서주식회사, 2005, 17쪽.

28 요시노가리 공식 웹사이트 참조
http://www.yoshinogari.jp/contents3/?categoryId=1 (검색일:2016.09.30)

29 사가현 공식 홈페이지 참조
http://www.asobo-saga.jp/search/detail.html?id=29 (검색일:2016.09.30)

즉 일본 도자기의 시조라 불리는 이삼평[李參平]이 1616년 규슈 북부에서 품질 좋은 백토(白土)를 발견해 일본 최초의 백자를 구워냈다.[30] 이후 아리타[有田]와 가라츠는 도자기 마을로 번성했고 이마리[伊万里] 항구를 통해 일본 각지와 해외로 출하되었다.

사가현은 1600년에 벌어진 '세키가하라 전투[関ヶ原の戦い]'에서 승리한 도쿠가와 가문의 편에 선 덕분에 전란을 피해 발전을 계속했다. 1850년 사가번의 제10대 번주 나베시마 나오마사[鍋島直正]는 막부의 대포를 능가하는 서양식 철제 대포를 일본 최초로 주조하는 데 성공했고, 1858년에는 미에츠[三重津] 해군소를 설치해 증기기관과 범선을 제작했다. 덕분에 막부를 타도하고 새로운 체제를 도입한 메이지유신[明治維新]의 효력이 지속될 수 있었다.[31]

사가현의 발전 과정은 2016년 7월 18일부터 2017년 3월 31일까지 진행 중인 '사가 나이트 오브 라이트 바이 네이키드(SAGA Night of Light by NAKED)' 쇼에 그대로 담겼다. 사가시 내 사가현청 건물의 꼭대기층 전망홀에서 상영되는 영상 쇼를 가리킨다. 전망홀 남쪽과 북쪽에는 각각 높이 1.7미터, 길이 30미터의 전망창이 나 있으며, 50미터 높이에 위치한 덕분에 밤에는 사가시의 야경을 파노라마로 즐길 수 있다. 제작사인 네이키드(NAKED)는 프로젝션 매핑 기술을 전망홀 유리창에 적용시킴으로써 바깥의 야경이 보이는 상태에서 새로운 영상을 덧씌워 겹쳐 보이게 하는 증강현실(AR, Augmented Reality) 방식의 프로젝션 쇼를 구현했다.

---

30 이미숙, 「조선사기장 李參平의 피납과정과 활동에 관한 연구」, 『인문과학연구』 26, 충남대 인문과학 연구소, 2010, 235쪽.
31 하종문, 『일본사 여행』, 역사비평사, 2014, 105쪽.

전체 영상은 9분 분량이며 사가현의 역사적 변천 모습을 담았다. 내용은 크게 7개의 시퀀스로 나뉜다.[32]

© 大阪市

사가현청에서 진행된 '사가 나이트 오브 라이트' 쇼

① 별들이 반짝이는 밤하늘에 유성이 지나가더니 조각들이 눈처럼 쏟아져 바다에 쌓인다.
② 땅이 마르며 풀이 자라나고 벼가 되어 익어간다.
③ 하늘에서 여러 자재들이 내려오며 사가현청, 제철소, 조선소, 도자기 공장 등 여러 건물을 구성한다.
④ 건물 사이에 모노레일이 설치되고 도자기 등의 물건들이 컨베이어 벨트처럼 오간다.
⑤ 옛날 방식의 커다란 범선들이 건물 사이를 오간다.
⑥ 수많은 열기구들이 하늘 위로 떠오른다.
⑦ 얼린 눈 결정체 같은 기하학적 별 모양들이 불꽃놀이를 벌인다.

주목할 만한 도상은 '벼', '도자기', '용광로', '범선', '열기구'의 5가지인데 앞서 사가현의 역사를 설명할 때 등장한 것들이다. 첫째로, 벼

32   참고 영상 : https://youtu.be/v8YMzro8Ong (검색일 : 2016.09.30)

는 문명의 출발점이라 볼 만한 벼농사가 야요이시대에 사가현 내에서 처음 시작되었음을 가르쳐준다. 둘째로, 도자기는 임진왜란 이후 조선의 도공들이 만들어내 오늘날까지 이어지는 아리타 백자의 전통을 뜻한다. 셋째로, 용광로는 나가사키를 통해 전래된 서양식 철제 대포를 일본 최초로 주조해낸 사건을 의미한다. 넷째로, 범선은 '메이지 일본의 산업혁명 유산'이라는 제목으로 유네스코 세계유산에 등재된 미에츠 해군기지 유적을 가리킨다. 다섯째로, 열기구는 아시아 최대의 열기구 국제대회인 '사가 인터내셔널 벌룬 페스티벌'을 뜻하며, 2016년에는 2년에 한 번 열리는 '세계 열기구 챔피언십'도 함께 개최된다. 이들 도상들은 사가현의 역사와 특색을 이해하는 핵심 요소로 작용한다. 쇼의 시작과 끝은 '별'이라는 핵심 도상으로 장식되는데 시작 시퀀스에서 밤하늘에 뜬 별은 멀리서 도래한 문화의 시발점을 가리키며, 종료 시퀀스에서 크게 터지는 별은 전파된 문화를 만개시킨 사가 지역의 저력과 현재의 자부심을 나타낸다. 또한 전망창 안쪽에 투사된 프로젝션 영상이 바깥의 실제 야경과 겹쳐 보이게 함으로써 '눈앞의 저 곳에서 이 모든 역사가 실제로 이루어졌다'는 식으로 의미를 부여해 장소성을 강화시킨다.

3) 미후네야마라쿠엔의 사례

셋째로 살펴볼 사례는 미후네야마라쿠엔[御船山楽園]에서 진행된 수면 프로젝션 쇼(water surface projection show)다. 미후네야마라쿠엔은 사가현을 구성하는 10개의 시(市) 중 온천으로 유명한 다케오시[武雄市]에 속해 있다. 다케오 온천은 서기 730년 즈음에 지어진 것으로 알려진 『히젠국 풍토기[肥前国風土記]』에 처음으로 등장한다.[33] 18세기 중엽에는 나가사키[長崎]를 통해 수입된 해외의 문물을 사가[佐賀], 타시로[田代], 고쿠라[小倉]를 거쳐 내륙으로 실어 나르는 나가사키 가도[長崎街道]가 발달하면서 부흥기를 맞이했다.[34]

1814년에는 다케오 온천의 상징물과도 같은 붉은색 문루(門楼)가 건립되었는데, 100주년을 기념하기 위해 2015년 7월 17일부터 8월 31일까지 다케오시 곳곳에서 불빛을 밝히는 '다케오 등불 전람회[武雄のあかり展]'가 개최되었다. 관광객과 지역민의 호응에 힘입어 2016년에도 다시 한 번 행사가 진행되었다. 7월 15일부터 9월 25일까지의 행사는 다케오 신사[武雄神社], 다케오 녹나무[武雄の大楠], 다케오 문루[武雄楼門] 등에 비추는 '경관조명[ライトアップ]'과 더불어, 5천여 개의 대나무를 잘라내 그 안에 촛불을 심어 장식하는 '여름밤 대나무 등불[納凉竹あかり]' 등이 진행되었다.

그중에서 가장 인기를 끈 것은 세계 최초로 물 위에 프로젝션 매핑 기술을 적용한 '연못 수면 프로젝션[池の水面プロジェクション]' 쇼였다. 연못이 위치한 미후네야마라쿠엔[御船山楽園]은 높이 210미터의 돌출 암벽으로 이루어진 미후네야마 아래 조성된 15만 평 넓이의 정원이다. 정원은 28대 다케오 영주 나베시마 시게요시[鍋島茂義]가 무로마치시대[室町時代]와 에도시대[江戸時代] 전문 예술가들을 불러 1845년 3년 간의 공사 끝에 완공했다.[35] 봄이면 5천 그루의 벚나무와 5만 그루의 철쭉이

---

33 松本宜久 外, 『武雄 : 鍋島家の溫泉やきもの』, 武雄市図館 歴史資料館, 2000, p.18.

34 街道めぐりの会, 『日本の街道 歴史を巡る』, 西東社, 2015, pp.132~135.

35 미후네야마라쿠엔 공식 홈페이지
    http://www.mifuneyamarakuen.jp/history.html (검색일 : 2016.09.30)

정원 전체를 꽃으로 물들인다. 다케오는 원래 고토[後藤] 가문이 대대로 다스렸지만 20대 번주인 고토 이에노부(後藤家信, 1563~1622)가 나베시마[鍋島] 가문을 따르게 되면서 그 아들은 나베시마 시게츠나[鍋島茂綱]로 이름을 지었고 이후 나베시마 가문의 지배가 이어졌다.[36]

미후네야마가 올려다보이는 연못에서 진행된 이 프로젝션 쇼는 도쿄에 기반을 둔 쌍방형 전시(interactive exhibition) 전문업체 '팀랩(TeamLab)'이 제작했다. 이들은 울트라 테크놀로지스트(Ultra Technologist)라는 슬로건 아래 다양한 최신기술을 활용하고 있다. 최근 롯데월드에 싱가포르의 '아트사이언스 뮤지엄(ArtScience Museum)'에 이어 2번째로 상설전시관 '팀랩 월드(TeamLab World)'를 개관했다.

전체 프로젝션의 분량은 12분가량이지만 내용은 단순하다. 삿갓을 쓴 2명의 사공이 나룻배를 저어 연못 여기저기를 다니는 동안에 수면 위에는 흰색, 빨간색, 초록색, 파란색, 보라색 등 여러 색깔의 물고기들이 유유자적 헤엄을 치며 색색의 궤적을 남긴다.[37] 각 물고기들은 미리 정해진 궤적에 따라 움직이는 것이 아니라, 옆으로 스쳐 지나가는 다른 물고기들의 움직임에 따라 반응하도록 시뮬레이션 소프트웨어 설정이 되어 있어 자연스럽고 역동적인 시각효과를 준다.

이 물고기들은 '니시키고이[錦鯉]'라 불리는 비단잉어이며 '코이[鯉]'라 줄여 부르기도 한다.[38] 17세기에 니가타현[新潟県] 일대에서 본격적으로 개량된 이래 전국에서 사육되어왔으며, 연못에 풀어놓은 비단잉어

---

36   松本宜久 外, 같은 책, 2000, 3쪽.
37   참고 영상 : https://youtu.be/Nc_F2BjVBIU (검색일 : 2016.09.30)
38   The Asahi Shimbun, 「Illumination show brightens up shrine, pond in Saga」, 2016.8.18.

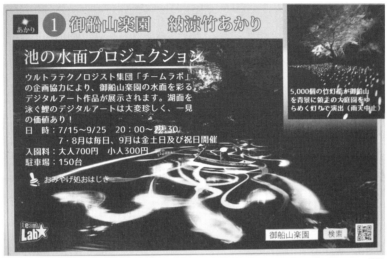

다케오시 미후네야마라쿠엔에서 진행된 '연못 수면 프로젝션' 행사 팜플렛

떼의 화려한 모습은 오늘날 일본을 상징하는 이미지로 자리 잡았다. '코이(koi)'는 사랑[恋], 정답다[濃い], 권세[虎威] 등 긍정적인 단어들과 발음이 같아 더욱 인기를 끌었다. 입신출세를 뜻하는 등용문(登龍門) 설화에도 잉어를 대입하여 어린이날에는 '코이노보리[鯉のぼり]'라는 비단잉어 모양의 깃발을 내건다. 또한 잉어가 천천히 헤엄치는 모습을 바라보는 행위는 마치 선불교에서 명상을 하는 것과 같다 하여 '젠코이[禪鯉]'라 불리기도 한다. 최근에는 업무 중에 마음을 가라앉히는 용도로 컴퓨터 화면보호 프로그램에 즐겨 사용되는 추세다.

프로젝션 영상은 5개의 시퀀스로 구성되며, 크로스오버(cross-over) 계열로 분류되는 사카모토 류이치[坂本龍一] 풍의 배경음악과 시뮬레이션 비단잉어의 움직임을 동조시켜 점차적인 몰입을 유발한다.

① 처음에는 조용한 관악기 연주가 시작된다.

② 피아노 연주가 등장해 함께 어우러진다.

③ 중반을 지나면 현악기가 가세하여 화음이 풍부해진다.

④ 후반에는 점점 속도가 빨라지고 격정적으로 클라이막스를 연주한다.

⑤ 마지막에는 다시 처음의 느린 관악기 연주로 돌아온다.

이것은 전란에 의한 혼란이 끝나고 평온의 시대가 찾아오기를 바라는 마음으로 미후네야마라쿠엔을 지었음을 비유한 것이다. 한편으로 불교적 세계관과 일본 특유의 문화를 결합시킨 것으로도 분석된다. 송나라 때 편찬된 불교서적『오등회원[五燈會元]』에는 청원유신(靑原惟信)이라는 선승이 다음과 같은 선시를 남긴 것으로 기록되어 있다. 이것은 마음의 상태에 따라서 사물과 환경이 달리 보인다는 뜻으로, 명상에 있어 집중과 깨달음의 효과를 강조한 내용이다.

노승이 삼십년 전 미처 참선을 하지 않았을 때는 (老僧三十年前 未參禪時) / 산을 보면 그냥 산이었고 물을 보면 그냥 물이었더니 (見山是山 見水是水) / 나중에 이르러 선지식을 친견하고 깨우친 후에는 (及至後來 親見知識 有個入處) / 산을 보면 그냥 산이 아니고 물을 봐도 그냥 아니더라 (見山不是山 見水不是水) / 쉴 곳을 얻은 지금에 와서는 (而今得個休歇處) / 예전처럼 산을 보니 그냥 산이고 물을 봐도 그냥 물이네 (依前見山祇是山 見水祇是水)[39]

39   林繼平,『孔孟老莊與文化大國』下冊, 臺灣商務印書館, 1990, p.451에서 원문 발췌 후 번역.

벚꽃과 철쭉꽃은 봄철에만 화려하게 피어났다가 금세 사라지는데, 정원 가득한 수만 그루의 꽃나무가 변하는 모습은 일본인들이 좋아하는 '덧없음'의 미학과도 연결되어 있다. '라쿠엔[楽園]'이라는 명칭 또한 이 2가지를 동시에 내포하고 있다. 꽃이 피었을 때는 아름다움에 도취되어 천국에 있는 것 같지만 꽃이 지고 나면 덧없음을 깨달음을 얻게 되기 때문이다. 이러한 경험을 통해 관람객들은 평소 유원지 산책코스에 불과하던 미후네야마라쿠엔의 연못에 개인적인 감동에 의한 특별한 의미를 부여하게 되어 강한 장소성을 느끼게 되며, 오래 전 정원을 조성하던 사람들의 목적이 무엇이었는지 자문하게 된다. 팀랩의 설립자인 이노코 도시유키[猪子寿之]의 인터뷰 영상에서도 장소성 부여의 목적이 드러난다.

저는 근대 이전의 사람들이 어떻게 생각하고 살았는지 궁금합니다. 오늘날에는 대부분 사라진 부분들이죠. 정보사회가 시작되었지만 근대 이전의 지식들은 새로운 팁을 제공해줍니다. 일본의 유서 깊은 장소들은 알면 알수록 매력에 빠져듭니다. 또한 이해하기 어려운 부분도 존재하죠. 그러므로 이런 장소의 장점을 활용하는 예술이 있다면 멋지지 않을까요.[40]

---

40   참조 영상 : https://vimeo.com/173307101

5. 맺음말

지금까지 오사카, 사가, 다케오의 미디어 파사드 쇼를 분석함으로써 이미지 스토리텔링의 작용 및 소통 방식을 알아보았다. 콘텐츠 제작자들은 지역 경제의 활성화를 위해 최신 기술과 지역 특색을 결합시켜 미디어 파사드 쇼를 만든다. 이미지 위주로 진행되는 미디어 파사드 쇼의 의미를 알아내기 위해서는 핵심적인 도상을 역사적, 문화적, 사회적 코드와 연결시켜 해석하는 것이 유효하다. 단순한 이미지의 나열로 보이는 미디어 파사드도 시퀀스 구분과 핵심 도상 분석의 단계를 거치면 그 안에 스토리텔링 구조가 내재되어 있음을 알 수 있다.

일반적으로 스토리텔링이라 하면 제작자의 의도를 스토리 콘텐츠에 담아 이용자에게 전달하는 과정을 가리킨다. 그러나 이용자는 마냥 수동적인 태도에 멈춰 있지 않다. 콘텐츠를 체험하는 동안에 등장 이미지에 대해 적극적으로 해석해 내러티브 뼈대를 임의로 구축하고 이를 원류가 되는 사건 또는 인물과 연결해서 결국 제작자의 의도를 알아내는 스토리텔링 역추적의 과정을 거친다. 또한 미디어 파사드 쇼의 배경이 되는 랜드마크 자체가 가진 장소성 그리고 해석 과정을 통해 강화된 장소감을 결합시킴으로써 진정한 장소 정체성을 경험할 수 있다. 그러므로 이미지 스토리텔링 방식의 콘텐츠를 제작하거나 분석할 때는 이러한 요소들을 총체적으로 고려해 반영하는 작업이 필요하다고 본다.

참고문헌

[논문 및 단행본]

김민지 · 박남희, 「공간매핑의 계보를 통해 본 프로젝션 매핑과 미디어 파사드」, 『디지털디자인
학연구』 12-4, 한국디지털디자인협의회, 2012.

박석순 외, 『일본사』, 대한교과서주식회사, 2005.

박인철, 『파리 학파의 기호학』, 민음사, 2003.

박진한, 「오사카, 도쿄를 넘어 동북아의 중심으로」, 이영석 · 민유기 외, 『도시는 역사다』, 서해문
집, 2011.

_____, 「근대도시 오사카의 상징물과 기억공간의 형성 — '오사카성(大阪城) 천수각(天守閣)' 재
건사업(1928~1931)을 중심으로」, 『인천학 연구』 11, 인천대 인천학연구원, 2009.

이미숙, 「조선사기장 李參平의 피납과정과 활동에 관한 연구」, 『인문과학연구』 26, 충남대 인문
과학연구소, 2010.

임동욱, 「비극적 역사의 동일시와 정체성화를 통한 지역 관광지의 장소성 확보 전략 — 프랑스의
옥시타니아 문화부흥 운동을 중심으로」, 한국외대 박사논문, 2014.

_____, 「'빛과 소리의 쇼'를 통한 역사유적의 장소성 극대화 — 프랑스 '송에뤼미에르' 콘텐츠의
발전 과정」, 『글로벌문화콘텐츠』 23, 글로벌문화콘텐츠학회, 2016.

전종한 외, 『인문지리학의 시선』, 사회평론, 2012.

하종문, 『일본사 여행』, 역사비평사, 2014.

Beltran, Alain, "La Fée Electricité, Reine et Servante", *Vingtième Siècle : Revue d'Histoire* 16, 1987.

Bloch, Jean-Jacques & Delort, Mariane, *Quand Paris allait à l'Expo*, Fayard, 1980.

Chatman, Seymour, *Story and Discourse : Narrative Structure in Fiction and Film*, Cornell University
Press, 1978.

Daure, Philippe, "La Féerie Nocturne des Châteaux de la Loire", *L'officiel de la Mode* no.377~378, 1953.

Fillaud, Bertrand, *Les Magiciens de la Nuit : Son et Lumière*, Sides, 1993.

Garrett, Pierre-Frédéric, Les Premiers Son et Lumière (1952~1961), Ecole Nationale Supérieure de
Bibliothécaires, 1990.

Herman, Luc & Vervaeck, Bart, *Handbook of Narrative Analysis*, University of Nebraska Press, 2001.

Relph, Edward, *Place and Placelessness*, Pion, 1976.

Roman Jakobson, "Linguistics and Poetics", *Jakobson : Language and Literature*, Harvard University
Press, 1987.

街道めぐりの会, 『日本の街道 歴史を巡る』, 西東社, 2015.

松本宜久 外, 『武雄―鍋島家○溫泉○やきもの』, 武雄市図館 歴史資料館, 2000.

三浦正幸, 『面白いほどよくわかる日本の城』, 日本文藝社, 2008.

林繼平, 『孔孟老莊與文化大國』, 下冊, 臺灣商務印書館, 1990.

対馬における地域アイデンティティ再構築

朝鮮通信使と偉人をめぐるストーリーテリングを中心に―

中村八重

1. はじめに

　本稿は日韓の国境地域に位置する長崎県対馬市において近年顕著になった歴史の「物語性」を活用した取り組みを、地域アイデンティティの再構築の試みと位置づけ、事例を紹介し、物語の活用の意義と課題を検討しようとするものである。

　朝鮮半島との歴史的つながりが強かった対馬は、「国境の島」、「日韓交流の島」といううたい文句を掲げ、以前から日韓交流の歴史をアイデンティティとしてきた。その背景には、地域振興の一環として観光客、特に韓国からの観光客の誘致が念頭にあった。例えば、韓国と関連した歴史的出来事や人物に関する顕彰碑10基の建立などを通じて、地域の特質を打ち出そうとしてきた。しかし、碑の設置自体には日韓

関係史の発掘という大きな意味があっても、知名度の上でも、顕彰碑にまつわる「物語」が住民に共有され効果的に観光に活用されるという意味でも、十分とは言いがたかった。

　そのような中、近年、相次いで宗義智(そうよしとし)や雨森芳洲(あめのもりほうしゅう)を顕彰する事業が行われている。2016年には朝鮮通信使がユネスコ世界記憶遺産に登録申請された。このような事業は、これは対馬の歴史を「物語」として知らせようとする取り組みのひとつと見受けられる[1]。本稿では、これらの取り組みについて検討し、その意味するところを読み解いていく。はじめに、関連する観光産業、朝鮮通信使行列の再現、朝鮮通信使のユネスコ記憶遺産への登録申請通信使などとともに背景を見ていくことにする。そして「物語」を誰がどのような内容で語るのかを通じて、対馬という地域の特殊性による課題と、地域活性化という普遍的なテーマにおける、「物語」利用の課題について指摘する。

2. 対馬の地域的特徴

1) 対馬の知名度－韓国との関係性

　はじめに対馬の地域的特徴と対外的な対馬の提示内容を把握して

---

[1]　「物語」そのものを利用した地域活性化の事例として『遠野物語』を利用した観光商品開発の事例(김2012)があるが、本論では既存の歴史を物語化する事例について検討する。

おく。対馬は韓国においては、「ツシマ」という名前よりも、「テマド」という名前で良く知られた地域である。2015年に釜山港に新しい国際ターミナルができたが、対馬—釜山航路の表記が、日本語ではツシマ、英語ではTsushimaであるのに対して、韓国語で대마도(テマド)となっていることにも表れている。「テマド」は気候条件がよければ海の向こうに見えるということで知る人も多く、特に慶尚南道圏の人には親しみのある名前ともいえる。

　日本においては、対馬の位置を正確にいえる人は多くはない。離島であることは知られていても、長崎県に属することを知らない人は多い。歴史的には、古代から近現代にいたるまで、防人や中世・近世の交易、朝鮮通信使、日露戦争での海戦など、教科書に載るような重要な出来事の舞台になったにも関わらず、認知度は高くないのが実情である。

　対馬は南北に長い島で、人口は2015年7月現在で約32000人となっている(対馬市の統計による)。かつて、人口は明治末期で5万人いたとされ、最も多かった昭和35年(1960年)の約7万人をピークに人口が減少し始め、継続的に過疎化が進行している。対馬には大学はなく、就職先も限られており、進学のため、就職のため、福岡をはじめとした九州圏に多くの人々が流出しているという。

　対馬の人々は自らの島の歴史についてどのように認識しているかというと、学校教育で積極的に郷土の歴史を学ぶ機会は多くないとされるが、民間で郷土史に関心の高い層はある程度存在する。公的な対馬市の歴史に関しては、下記の対馬市のホームページの記載がわかりや

すく、歴史認識を簡潔に知ることができる。

　対馬は、日本の中で朝鮮半島に最も近いという地理的条件から、大陸か
らの石器文化、青銅器文化、稲作、仏教、漢字などを伝える日本の窓口でし
た。また、朝鮮半島との間では古くから貿易などの交流が盛んに行われてい
ました。この活発な交流から、対馬には数多くの書物、仏像、建造物、朝鮮
式山城の金田城跡や古墳などの文化財が残っています。

　朝鮮半島との友好な交流の歴史の中、1592年〜97年の文禄・慶長の役で
交流が中断してしまいましたが、対馬藩十万石の藩主・宗家は朝鮮との関係
を元に戻すため、朝鮮通信使を江戸まで案内するなど日本と朝鮮の交流再開
に努力しました。

　20世紀に入り、一時期、対馬と朝鮮半島との交流が中断した時代もあり
ましたが、対馬にとって朝鮮半島は身近な存在であることは変わりありませ
ん。それに過去の長い友好の歴史がありました。一時期中断していた交流
も、今では対馬と韓国の釜山が定期航路で結ばれるなど、文化、経済、教育
の活発な交流が再開されています。[2]

　上記の引用からも分かるように、対馬は韓国と近く韓国からの観光
客が多いことは有名であり、対馬の人々自身も認めるところであり公
的な歴史認識といってよいだろう。次に、長崎県のレベルで発行され
ている対馬の、主に行政上の総合的情報が記された『つしま百科』の「は

2　　対馬市オフィシャルホームページ
　　http://www.city.tsushima.nagasaki.jp/web/profile/post_45.html(2016年8月20日確認)。

128 ———— 지역 문화 콘텐츠와 스토리텔링

じめに」を見てみる。ここでは、韓国との近さ、祭りの存在、そして観光について言及されている。

（…前略…）また、その距離が僅か49.5kmという地の利を活かした韓国との交流も定着し、「厳原港まつり対馬アリラン祭」、「対馬ちんぐ音楽祭」、「国境マラソンIN対馬」などイベントを通じた民間レベルでの交流も盛んです。

このような中、韓国人観光客も増加しており、平成20年には7万人を超える韓国人が対馬を訪れております。[3]

対馬の歴史と現状に言及されるときいくつかの定型化された語りがある。まず、韓国との近さを表現するときの定型化された語りとして、必ず「49.8km」や「約50km」という数字が登場するが、この記述も例外ではない。次に、韓国と関連のある祭りの存在である。上記の祭り、「厳原港まつり対馬アリラン祭」、「対馬ちんぐ音楽祭」、「国境マラソンIN対馬」は対馬の三大祭りとして人口に膾炙した祭りである。ひとつめの通称「アリラン祭」は、朝鮮通信使行列が売り物の祭りで、ふたつめの「対馬ちんぐ音楽祭」は、日韓のアーティストが出演する音楽祭として、対馬の方言で友達をちんぐということからネーミングされた。そして「国境マラソンIN対馬」は日韓から選手が参加するマラソンである。ただし、現在このうち第1と第2の祭りは名称を変更している。「アリラン祭」については後述することにする。いずれにしても、これらの祭りが対馬の特徴であるとの認識は変化していない。最後

に、韓国からも多くの観光客は訪れることも、対馬の代表的な事柄として定型化された語りで取り上げられている。

2) 対馬の観光事情

　ここでは、簡潔に対馬の観光について整理しておく。対馬観光は朝鮮半島との歴史性と近接性に裏打ちされた官民による多様な交流が基盤となっている。また、朝鮮通信使をモチーフにした地域振興、観光振興に特徴があり、その観光は韓国の旅行社の主導の下に、「近くて安い」旅行商品が売られている。

　対馬の観光振興は1970年代の「異国情緒」のキャッチフレーズに代表される国内からの観光誘致にはじまる。韓国が見えるとして知られる、上対馬の「韓国展望台」は、「異国が見える」ことを売りにしてこのとき作られたものである。そして、1980年に地元の祭りに朝鮮通信使再現行列が登場し、「アリラン祭」の名称を使用し始めたことは、観光振興にも大きな契機となった。その後、朝鮮通信使のゆかりの地域をつないだ全国ネットワークが形成され、朝鮮通信使行列は、日韓交流の象徴的イベントとして定着する。同時に観光振興は韓国からの観光誘致にシフトしたという経緯がある。

　紆余曲折があったが、2000年には釜山からの定期国際航路が就航した。2011年、地震の影響による一時中止によって韓国からの観光客の重要性が再認識されたあと、路線は複数路線化、高速化した。このことにより、現在は最短で1時間10分ほどで釜山と結ぶようになり観光

客が急増している。2015年には約21万人が対馬を訪れている。対馬にとっては経済的波及効果も大きい。2012年の韓国人による観光消費は5年前より11億円増加し33億円であったという(西日本新聞2014年1月8日付)。

　対馬では韓国人観光客に対応するためにさまざまな取り組みをしている。観光商品の開発やハングル版のパンフレット作成など、市のレベルでも民間のレベルでも積極的に行われているが、以前から不足を指摘されていた宿泊インフラの面ではようやく緒に就いたところである。

　対馬の観光資源としては、厳原町に残る城下町の町並みや、韓国との関連史跡のほか、海、山の風光明媚な景観を楽しむのが一般的となっている。対馬は近さと安さゆえ短期間の旅行者が多く、キャンプ、サイクリング、登山愛好会などの団体旅行にもよく利用されている。[4]

　2012年以前の韓国人観光客の最大の特徴は「団体・短期間・年配」であった。慰安旅行や契(旅行など特定の目的のために積み立てをする任意の団体)などの団体で、一泊程度の短期間で訪れる年配客が目立っていた。現在は、「個人・短時間・若者」が増加している。航路の複数化、高速化に伴って元々短期間の滞在型であった対馬旅行は、ますます「短時間」化した。朝、釜山を出発して対馬の比田勝に到着し、海水浴をしたあと温泉に入り、スーパーで買い物をして夕方に釜山へ帰ることも可能となった。日帰り客には、安く海外旅行しようとする学生

---

[4]　詳しくは中村(2015、2016近刊)

や、免税品の購入を主目的とする若者も多い。中にはビザ更新のために韓国から一時的に出国してきた(韓国以外の)外国人の姿も見られる。2015年で約21万人の韓国人が対馬を訪れている(図、表)。

表 対馬への韓国人入国者数

年	入国者数(人)
1999	2,017
2000	4,551
2001	8,320
2002	10,509
2003	15,734
2004	20,952
2005	36,636
2006	42,002
2007	65,490
2008	72,349
2009	45,266
2010	60,278
2011	47,696
2012	150,836
2013	181,812

(対馬市内部資料より筆者作成)

3.「日韓交流の島」のジレンマ

1）朝鮮通信使行列をめぐって

　地元の祭りの中で有志によって始められた朝鮮通信使行列が、「日韓交流」の意義を付与され現在に至ることは前に述べた。母体となる「港まつり」は1964年に始められ、行列が始められたのが1980年である。商店を営む庄野氏が、辛基秀の記録映画『江戸時代の朝鮮通信使』を見て感銘を受け、私財を投じて衣装をととのえ、「港まつり」で出し物として開始した。最初は、祭りを盛り上げる出し物としての性格が強かったものが、後に国内からの観光振興のための題材になり、さらに、1988年から「アリラン祭」の名称が使用され始め、朝鮮通信使の縁故地ネットワークである「朝鮮通信使縁地連絡協議会」を松原氏が組織化し会長についていく流れの中で、「日韓交流」の理念によって「上書き」されていった(村上2014a,b)。

　行列を実行するのは1980年に結成された「朝鮮通信使行列振興会」である。当初から、韓国色の強いイベントに反発があったが、庄野氏とその息子の情熱が下支えとなり、付与される意味の変化を経ながら引き継がれてきた。このような「出自」が、2013年にいわゆる「仏像盗難事件」をきっかけとした名称変更と行列中止という出来事につながっていく。

　仏像盗難事件とは2012年に韓国人窃盗団によって2体の仏像が盗まれ、韓国に持ち込まれ、地方裁判所が返還禁止命令を下した一連の問

題である。地元では返還を求めて署名運動が行わたが、現段階でも一体が返還されていない。この出来事に対する抗議として、翌年の通信使行列の中止と今後の「アリラン祭」の名称の使用中止が決定された。その理由として、「韓国関連のイベントに寄付を拒否する人が増えた」といい、「祭りは韓国のためにやっているのではない。対馬のものである」という、祭関係者の声が聞かれた。この出来事は、地元の祭りのための「出し物」だった朝鮮通信使行列が、行政によって交流の看板を背負わされて来たことや、韓国主導の観光への異議申し立てであったといえる

2) 対馬のジレンマ

近年、韓国からの観光客が増加していることに対馬の人々すべてがもろ手を挙げて喜ぶわけではない。観光に携わる人でない場合、否定的な意見を述べる人もいなくはない。韓国人観光客受け入れの初期から、露骨に韓国人に対して蔑視的な発言をする人がいたというが、東日本大震災によって客足が途絶えたとき、経済的にもまた町の賑わい的にも大きな打撃を受けたため、こうした発言は鳴りを潜めた。対馬にとって韓国人の観光誘致がなくてはならないものであることが再認識されたからである。

しかし、いまだに韓国といえばトラブルという認識は解消されたわけではない。韓国人観光客に対する反発を、マナー問題に還元する向きもある。旅行社や行政がポスターや配布物で啓発活動を行った結

果、また韓国内での価値観の変化によって、実際にマナーは改善され
てきている。にもかかわらず、現在でも紋切り型の「マナー問題」が引
き合いにだされる理由は、噂話が口から口へ伝わる再生産の面もある
が、「韓国人は〜である」というステレオタイプと蔑視観が潜んでいる
からであろう。

　もともと、対馬は地理的、歴史的に防衛の要所であるためか、韓国
と交流を深めれば深めるほど、主として島外で「対馬が危ない」といっ
た扇動的な警戒論がメディアを通じて流れてくる。反対に韓国から
は、一部から「対馬島は韓国領」、「対馬島を返せ」などといった主張の
声が聞こえてくる。良くも悪くも「国境の島」なのである。対馬のナ
ショナリズムの問題は、いわゆる「嫌韓感情」からも分析されなければ
ならないが、観光と政治の関係性を検討する必要があり、別稿に譲る
こととする。

　対馬にとって、韓国との関係性はアイデンティティを形成する要素
のひとつでありながら、韓国と同一視されることは拒むべきものであ
る。この心理が良く表れているのが、次の引用である。対馬の全体像
を島外の人々にも知ってもらいたいとして、島内の有識者と研究者が
共同で執筆した『対馬の交隣』(2014)には、「はじめに」で次のように書
かれている。

　　島外の人の中には対馬がどこにあるかも知らない人もいるかもしれな
　　い。対馬は韓国・釜山ともっとも近いところで約50kmしか離れておらず、
　　九州と朝鮮半島の間に位置する。そのため対馬と朝鮮半島との関係は歴史的

に長く、対馬は日本列島と朝鮮半島を結んだだけでなく、有史以来、東アジア世界にあって、東西・南北の文化交流の十字路ともいうべき位置にあった。

（…中略…）

観光客など島外からの来訪者から、「対馬には韓国と日本の文化が融合しながら発展してきた側面は見られないのですか？」と尋ねられることがある。さらにはまた、本土から対馬に来て予想と違ったと言い、「対馬は完全に日本なんですね。韓国的な側面はないのですか？」と尋ねる人もいる。

伝統文化や民俗、風土という点から見ると、対馬に人類の足跡が最初に確認される時から、まぎれもなく対馬の文化は日本に属していることは疑いなく、縄文時代、弥生時代以来の考古遺跡・遺物もそのことを語っている。[5]

昨今、対馬は韓国とのつながりについて特に外部から批判が届くようになっている。観光の交流が深まることについても然りである。上記の引用のように、対馬は日本であることは自明のことであるとしながら、ことさら強調しなければならないところに対馬のジレンマがある。対馬が「国境の島」であるがためのジレンマといえよう。

---

5   永留史彦、小島武博、上水流久彦編、「はじめに」、『対馬の交隣』交隣舎出版企画, 2014.

4. 朝鮮通信使をめぐる偉人の顕彰事例

1) ユネスコ記憶遺産登録申請

　ここから、2010年代から活発になっている顕彰事業について事例を見てみよう。日韓の政治関係が悪化しているといわれる近年、朝鮮通信使を世界遺産に登録しようと2012年から本格的に推進が進められ、日韓の各地にちらばる文書や絵画など記録された遺物を、「記憶遺産」として登録することとで協議が進んでいた。かねてから協力関係にあった釜山文化財団と朝鮮通信使縁地連絡協議会が、共同で登録申請するというかたちで、2016年1月の共同調印式を経て、3月に登録申請が行われた。

　対馬のアイデンティティ構築にとって朝鮮通信使はなくてはならないアイテムである。対馬は、朝鮮通信使の最初の日本上陸地であり、朝鮮半島との外交と交易を担った対馬藩が江戸城まで護衛をしていたことが知られている。

　豊臣秀吉の朝鮮侵略の後の朝鮮通信使再開には、対馬藩が国書を偽造するなどを行っても朝鮮との国交回復に尽力したことが知られている。国交の回復と日朝の友好には、特に対馬島主宗義智と儒学者雨森芳洲が貢献した人物として有名であり、顕彰の機運が高まっている。

　日韓で朝鮮通信使の認識をめぐっては諸論あるのは事実である。通信使を送る主体、相互の他者観、日本での事件や出来事への意味づけなど、立場が異なれば解釈も異なる部分もある。しかし、それを乗り

越えて共同での朝鮮通信使を登録申請に漕ぎ着けたことは評価されて
しかるべきである。

2) 宗義智公顕彰碑建立

対馬は12世紀ごろから宗氏の一族によって支配されてきた。宗義智
(1568～1615)は対馬の初代藩主であり名君として知られている。朝鮮
通信使の記憶遺産登録を推進するために結成された朝鮮通信使対馬顕
彰事業会などを中心に、宗義智の顕彰の動きが出ていたが、その費用
の捻出に頭を痛めていた。2015年、没後400年を迎え、上記事業会の
会長が実行委員を組織し、寄付を募って銅像を作成することになっ
た。その結果早期に多くの寄付が集まり2016年3月に完成に至った。
対馬初代藩主宗義智の功績は次のようなものである。

中世から近世に移る激動の時期、天下を取った豊臣秀吉が大陸への無謀な
出兵を目論み、義智は朝鮮との融和点を見出そうと懸命に努力を重ねたが交
渉は実らず、7年に及ぶ文禄・慶長の役に突入することになった。(中略)時
代が変わり、徳川家康から朝鮮国との関係修復を命じられた義智は、両国の
板挟みに遭いながら幾多の難題を乗り越え、10年の歳月を要し、慶長12年
(1607)朝鮮通信使の招聘に成功した。また同14年(1609)には朝鮮国との通
好条約(巳酉約条)成立までこぎ着けた。家康からこの功績を賞され、幕府か
ら独立した機関として朝鮮国と貿易を行うことを許された。
このように対馬藩は、義智が生涯をかけた朝鮮との通好関係を維持する

ことにより、幕藩体制下において特殊な立場を確立し、その善隣友好の道を歩み続けたのである。[6]

　朝鮮通信使を顕彰した記念碑をはじめとした韓国関連の石碑はあったが、銅像はこれまで対馬で作られていなかった。関係者によると、この銅像のデザインには友好的な意味がこめられているという。時代からして宗義智は武将ではあったが、銅像は鎧甲冑姿という戦時の姿ではなく、意図的に束帯姿にしたという。平和を望んだ宗義智公も同じ思いではないかと関係者は述べていた。宗義智は朝鮮侵略の際、朝鮮半島で戦闘を行っているが、朝鮮との友好関係を希求していたと考えられている。

3) 宗義智伝記マンガ出版

　銅像の完成と同じ2016年3月に宗義智の物語がマンガで出版された。長崎県対馬市編、マンガ屋代尚宜『マンガ対馬の歴史偉人物語①初代対馬藩主宗義智』(梓書院)(写真)である。

　このマンガは対馬市が編集したもので、対馬島内の小中高生全員に配布された。また、来年の新入生分も各学校の図書館に寄贈されたという。巻末には、対馬市長と朝鮮通信使顕彰会会長の推薦の言葉と解説資料が掲載されている。全国で販売することを狙って福岡の出版社

6　　宗義智公顕彰碑完成除幕式パンフレットより(主催：宗義智公顕彰碑建立実行委員会)。

出版物(左から『つしまっ子郷土読本』、『マンガ雨森芳洲』、『マンガ宗義智』)

に出版を依頼した。今後シリーズ化して、対馬のほかの偉人もマンガにしていく方針とのことである

　事業に関わった市役所の阿比留氏によれば、「ベースには、対馬の人が大学や就職で他所に行ったときに、田舎の、離島の引け目を感じることにある。歴史を知ると対馬の歴史は素晴らしいと分かる。歴史があって、韓国との橋渡しをしていたことが分かる。子供たちだけでなく、その親もこのマンガを目にすることになる。マンガを読んで対馬のアイデンティティを取り戻してほしい」と話してくれた。さらに、対馬はこうした「歴史を売って観光資源とすることができる」とも話してくれた。まずは、子供たちをはじめとした一般の人々に対馬のアイデンティティを確立してもらい、観光資源として活かしたいという意図である。

4）ミュージカル「対馬物語」

　宗義智の銅像建立おおよびマンガ出版に先立って、2011年に宗義智を主人公にしたミュージカルが地元で上演されている。2011年、対馬市民により結成された市民劇団「漁火（いさりび）」によって「朝鮮通信使ゆかりのまち全国交流会対馬大会」で『対馬物語』が上演された。脚本はジェームス三木という有名な脚本家によって手がけられている。成立間もない劇団としては2つめの作品で、はじめてのミュージカルであったが、やはり地元のコーラスグループ、日本舞踊団体、太鼓グループと共同して舞台を作り上げた。出演者は地元の対馬の人だけでなく、仕事でよそから対馬へ来た人や外国人の高校の先生など多様なメンバーで構成されていた。

　内容は文禄・慶長の役と関が原の戦いで苦慮しながら、対馬の生き残りを掛けて朝鮮との平和な関係を築こうとした宗義智とその妻マリア（小西行長の娘）の姿を中心に描かれている。

　この物語の代表的台詞であり、物語の中心を貫くのは「島は島なりに治めよ」という先代の遺訓である。代表的にこの劇団に関わった橘氏はこれを「対馬の生き様そのもの」と表現する（橘　2016近刊）。「対馬には他所にない特異な隣国との交流の歴史がある。（中略）歴史を身近に追体験でき、対馬の意義を再認識できた」とミュージカルの意義を述べている。韓国との関係について苦悩する対馬の現在の姿を反映してか、大変好評であった。好評を受けて、2012年には姉妹都市である釜山影島区で公演の後、福岡公演も行った。2014年長崎公演などを行い、

2016年は東京公演が行われることになっている。

5) 雨森芳洲伝記マンガ出版

　2015年には、雨森芳洲(1668～1755)のマンガが出版されている。松原一征原作、漫画松尾陽子『マンガ人物史in対馬　雨森芳洲』(交隣舎出版企画)である。雨森芳洲は、対馬藩に仕官し、中国語と朝鮮語に堪能で、朝鮮との外交に尽力した人物である。芳洲が説いた外交の基本は「誠意との信義の交流である」とした、「誠信交隣」という言葉は、今日も日韓交流の場面で必ずといってよいほど言及されている。

　マンガの原作は朝鮮通信使縁地連絡協議会の理事長であり、雨森芳洲を顕彰する団体、芳洲会の会長でもある松原氏である。彼が費用を負担し、対馬島内の出版社によって出版された。松原氏は2011年にも、『対馬で活躍した江戸時代の国際人雨森芳洲の生涯』を出版した経緯がある。マンガ版の「はじめに」を引用してみよう。

　　　対馬は地理的にお隣の韓国と大変近いため、古来より交流が深く、江戸時代には徳川幕府から対朝鮮外交と貿易の一切を任されていました。(…中略…)

　　　そのため対馬藩には朝鮮国との外交文書を読み書きできて、また外交交渉もできる儒学者が必要でした。(…中略…)

　　　時は今から320年前の秋、一人の若い儒者が対馬に入国しました。その人は名を雨森芳洲といい、まだ26歳の若者でした。

この物語は、その青年儒学者が多くの苦難を乗り越え、対馬のために、また日本のために活躍しながら対馬の地で88歳の生涯を終えた物語です。

　このあとに、読者へのメッセージが続けられているように、対馬の子供たちを対象にかかれた物であることが分かる。

　（…前略…）こういうことを通じて、対馬がもつ尊い歴史を知っていただきたいと思います。
　若者の夢はさまざまで、対馬で一生を過ごす人もいれば、対馬を離れ本土の各地やあるいは外国で生活する人もいるでしょう。どこで暮らすことになろうとも、「対馬」がかけがえのないみなさんのふるさとです。
　ふるさと「対馬」に生まれたことに誇りを持って、生きていってほしいと思います。

　松原氏は今後もこうした意思のもとで対馬の先賢の伝記マンガを出版する意向であるという。

6）副読本

　2016年3月には、もう一冊、対馬の歴史を伝える本が出版された。対馬市教育委員会発行『つしまっ子郷土読本』（交隣舎出版企画）である。学校教育で使うことを前提に構成され出版された副読本である

が、これまで学校の郷土教育の使用に耐えるまとまった書籍がなかったため、こうした本の制作は待たれていた。全体の約7割以上が歴史のパートとなっているのが特徴である。この読本は小中高で配布されたという。

冒頭には、「ふるさと自慢のできる対馬の子どもたちを育てよう」と題した対馬市長のメッセージが載っている。この本はこのメッセージにもあるように、芳洲会メンバーと厳原在住の執筆者が主に執筆している。

（…前略…）　特に、将来を見つめるこどもたちには、国境の島として郷土対馬を知り、そして再認識してもらうことが大切であるとの思いで、島内で歴史や文化等を研究されておられる「芳洲会」に執筆、編集等をお願いし今回「つしまっ子郷土読本」を発刊いたしました。

責任編集を行った永留氏によると「対馬から出て行く人は多いが、出ていったさきで対馬について質問されても何も知らない。その結果「対馬には何もない」と答えてしまう。子どもたちがこの本で勉強して対馬にはこんな自慢できるものがあると語ってほしい」と述べていた。

5. おわりに

ここまでみてきた事例は、歴史を自分たちのものとして語ろうとす

る取り組みという点で共通している。その背景には人口流出する離島としての悩みがある。出版物の作成意図は驚くほど同じであった。こうした出版事業に関わる人々が重複しているという現実もある。物語を通じて、島外に出る若者にも対馬の誇りを持って欲しいという意図は、若者は対馬を外部に知らせる役割をもつと考えるからでもあろう。将来的には観光につなげることも期待されている。地域振興を課題とする他地域でも共通する課題といえる。

対馬が他地域に比べて特殊であるのは、国境地帯に位置するゆえの韓国との関係の取りかたに苦悩するという点である。数多くの観光客を受け入れるようになったことによる葛藤や摩擦は、対馬の立場を考えさせるものである。観光における葛藤や行列中止は、観光や交流において主体性をとりもどそうとする動きとも解釈できる。苦悩を乗り越え友好な関係を結ぼうとした先人たちの「物語」は、現在の対馬の置かれた状況を積極的に説明してくれる可能性がある。

ただし注意しなければならないことがある。対馬はかつて六町に分かれていたのが2004年に合併して対馬市となったばかりである。対馬は南北に長い形をしていて、山がちの地形のため長い間道路事情が悪く移動が容易ではなかった。むしろ海上交通のほうが発達していた時代があった。城下町であった、現在の市役所がある南部の厳原と北部の比田勝とでは、歴史にしろ自己認識にしろ、心理的距離はちいさくないものがある。こうした島内の事情をいかに乗り越え島全体で統合が出来るかが課題といえる。

今回の顕彰事業の事例はすべて「対馬藩の歴史」の物語である。対馬

市を中心とした行政、厳原を中心とする知識人の活躍が目立っている。彼らが語る対馬の(だが対馬藩の)の歴史は対馬藩の中心(厳原)ではなかった地域の人々に必ずしも共有されるわけではない。[7]同じような意味で、「国境の島」、「日韓交流の島」といった、対馬について語られるときの定型化フレーズもまた、すべての対馬の人々に肯定的に受け取られていないことが容易に想像できる。そこから生まれる齟齬は、観光に対する態度の違いに表れているように思う。だからこそ自らの歴史にするための装置としてマンガのような出版物が役割を果たすともいえる。顕彰事業や郷土史の見直しは経過は追って注目していかなければならない。

7 　対馬には、人々が漂着した朝鮮人の遺体を手厚く葬ったという逸話や、反対に漂流して朝鮮人に助けられたといった話が散在する。このような住民が中心となった「物語」が共有という意味では重要と考えられる。

‖ 参考文献 ‖

[논문 및 단행본]

김용의, 「일본 도노(遠野)지역 갓파(河童)전승의 관광상품화 양상」, 『일어일문학연구』 82, 한국
　　　일어일문학회, 2012.

橘厚志, 「コラム対馬市民劇団の意義」, 上水流久彦他編, 『境域の人類学』, 風響社, 2016.

対馬市教育委員会, 『つしまっ子郷土読本』, 交隣舎出版企画, 2016.

長崎県対馬市編, マンガ屋代尚宜, 『マンガ対馬の歴史偉人物語①初代対馬藩主宗義智』, 梓書院,
　　　2016.

中村八重, 「観光交流からみた日韓関係－対馬の韓国人観光を中心に」, 磯崎典世・李鐘久編, 『日
　　　韓関係史1965～2015Ⅲ社会・文化』, 東京大学出版会, 2015.

_____, 「境域のツーリズム」, 上水流久彦他編, 『境域の人類学』, 風響社, 2016.

松原一征, 『対馬で活躍した江戸時代の国際人雨森芳洲』, 交隣舎出版企画, 2011

松原一征原作, 漫画松尾陽子, 『マンガ人物史in対馬雨森芳洲』, 交隣舎出版企画, 2015.

村上和弘, 「朝鮮通信使行列とく日韓〉交流」永留史彦, 上水流久彦, 小島武博編 『対馬の交隣』, 交隣
　　　舎出版企画, 2014a.

_____, 「上書きされる朝鮮通信使」－対馬・厳原における〈日韓交流〉をめぐって」, 『東アジ
　　　ア近代史』17, 2014.

[DB 자료]

対馬市オフィシャルホームページ

　　　http://www.city.tsushima.nagasaki.jp/web/profile/post_45.html(2016年8月20日確認)

쓰시마(대마도)의 지역정체성 재구축

조선통신사와 위인을 둘러싼 스토리텔링을 중심으로

나카무라 야에[中村八重]

번역 : 최재혁

1. 시작하며

　이 글은 한국과 일본의 국경 지역에 위치한 나가사키 현[長崎県] 쓰시마 시[対馬市]에서 근래 들어 현저하게 나타나고 있는 역사의 '스토리텔링'을 활용한 노력을 지역정체성 재구축 시도로서 자리매김하고, 관련 사례를 소개하여 스토리 활용의 의의와 과제를 검토하려는 것이다.

　한반도와 강한 역사적 관련성을 가지고 있는 쓰시마는 '국경의 섬', '한일 교류의 섬'이라는 선전 문구를 내걸고 예전부터 양국의 교류와 관계된 역사를 정체성으로서 삼아 왔다. 그 배경에는 지역 진흥의 일환으로서 관광객, 특히 한국 관광객의 유치를 염두에 두려는 의도가 자리한다. 예를 들어 한국과 관련된 역사적 사건과 인물에 관한 현창비(顯彰

碑) 10기를 건립하여 이를 통해 지역의 특질을 내세우고자 하고 있다. 하지만 현창비의 설립 자체는 한일관계사의 발굴이라는 면에서는 큰 의미를 갖고 있지만, 지명도 측면이나 현창비에 관련된 '스토리'가 주민에게 공유되며 관광에 효과적으로 활용되고 있는가? 라는 의미에서는 충분하다고 말하기 어렵다.

이러한 상황 속에서 요즘 소 요시토시[宗義智]나 아메노모리 호슈[雨森芳洲]를 현창하는 사업이 잇따라 펼쳐지고 있다. 2016년에는 조선통신사가 유네스코 세계기억유산으로 등재 신청되었다. 이러한 사업은 쓰시마의 역사를 '스토리'로서 알리려는 시도의 하나로 받아들여진다.[1] 본고는 이러한 시도를 검토하고, 그 의미하는 바를 해석하고자 한다. 이를 위해 먼저 쓰시마와 관련된 관광 산업의 사정, 조선통신사 행렬의 재현, 조선통신사의 유네스코 기억유산의 등록신청과 같은 배경을 함께 살펴볼 것이다. 그리고 이러한 '스토리'를 누가, 어떠한 내용으로 이야기하는가를 밝혀 쓰시마라는 지역이 가진 특수성에 뒤따르는 과제와, 지역 활성화라는 보편적인 테마에 있어 '스토리'를 어떻게 이용할 것인가 하는 과제에 대해 지적하려고 한다.

1 　'스토리' 자체를 이용한 지역 활성화의 사례로는 『도노모토가타리(遠野物語)』를 이용한 관광 상품화 개발 사례(김,2012)가 있지만, 이 논문에서는 기존의 역사를 스토리화하는 사례에 대하여 검토한다.

2. 쓰시마의 지역적 특징

1) 쓰시마의 지명도 및 한국과의 관계성

먼저 쓰시마의 지역적 특징과 이 섬이 대외적으로 제시하고 있는 내용을 파악해 두도록 하자. 이곳은 한국에서는 쓰시마라는 이름보다 '대마도'라는 명칭으로 잘 알려진 지역이다. 2015년에 부산항에 새로운 국제터미널이 생겼지만 쓰시마-부산 간 항로 표기가 일본어로는 対馬, 영어로는 'Tsushima'인 것에 비해, 한국어로는 '대마도'로 되어 있는 점에서도 잘 드러난다. '대마도'는 기상 조건이 좋으면 육안으로도 볼 수 있다는 사실을 알고 있는 사람도 많으며, 특히 경상남도권의 사람들에게는 친근한 이름이라고도 할 수 있다.

반면 일본에서는 쓰시마의 위치를 정확히 말할 수 있는 사람은 많지 않다. 외딴 섬이라고는 알고 있어도 나가사키 현에 속한다는 사실을 모르는 이도 많다. 역사적으로는 고대에서 근현대에 이르기까지 사카모리(防人 : 중앙에서 파견된 변방수비대)나 중세·근세의 교역, 조선통신사, 러일전쟁의 해전 등 교과서에 실린 중요한 사건의 무대가 되었음에도 불구하고 인지도는 그리 높지 않은 실정이다.

쓰시마는 남북으로 긴 섬이며 인구는 2015년 7월 현재 약 32,000명이다(쓰시마 시의 통계 자료). 메이지 말기에는 인구가 5만 명에 이르렀다고 하며, 가장 많았던 쇼와35년(1960)의 약 7만 명을 정점으로 감소하기 시작하여, 지속적인 과소화(過疎化)가 진행되고 있다. 쓰시마에는 대학은 없으며 직장도 한정되어 있기 때문에 진학이나 취직을 위해 후쿠오카[福

岡]를 비롯한 규슈[九州] 권역으로 진출하는 주민들이 많다고 한다.

쓰시마 지역 주민들이 섬의 역사에 관해 어느 정도로 인식하고 있는 가를 살펴보면, 학교 교육에서 적극적으로 향토의 역사를 배울 기회는 많지 않았더라도 민간에서 향토사에 대한 관심이 높은 층은 어느 정도 존재한다. 공적인 쓰시마 시의 역사에 관해서는 쓰시마 시 홈페이지에 기재된 아래의 글이 이해하기 쉽고, 어떠한 역사 인식을 지니고 있는지에 대해서도 간략히 파악할 수 있다.

쓰시마는 일본에서도 한반도와 가장 가깝다는 지리적 조건 때문에 대륙으로부터 석기 문화, 청동기 문화, 벼농사, 불교, 한자 등이 전해질 수 있었던 일본의 창구였습니다. 또한 오래 전부터 한반도와 무역 등의 교류가 왕성하게 이루어졌습니다. 이러한 활발한 교류로 인해 쓰시마에는 수많은 서적, 불상, 건축물을 비롯하여, 조선식 산성인 가네다 성터[金田城跡]와 고분 같은 문화재가 남아 있습니다.

한반도와 우호적 교류를 맺어온 역사 속에서, 1592년부터 1597년에 걸친 임진왜란과 정유재란으로 교류가 중단되어 버린 적도 있었지만, 10만 석의 쌀 생산량을 지닌 쓰시마 번(藩)의 번주였던 소[宗] 가문은 조선과의 관계를 회복하기 위해 조선통신사를 에도[江戸]까지 안내하는 등 일본과 조선의 교류 재개를 위해 노력했습니다.

20세기에 접어들어 한때 쓰시마와 한반도의 교류가 중단되었던 시대도 있었지만 쓰시마에게 있어 한반도가 친밀한 존재라는 사실에는 변함이 없습니다. 게다가 역사상 우호 관계를 오랫동안 맺어 왔습니다. 한때 중단되었던 교류도 지금은 쓰시마와 한국의 부산 사이에 정기 항로가 맺어지는 등 문

화, 경제, 교육 분야에서 활발한 교류가 재개되고 있습니다.[2]

위의 인용문에서도 알 수 있듯, 쓰시마는 한국과 가까워서 한국에서 많은 관광객이 찾아온다는 점이 유명하며, 이 점은 쓰시마의 사람들 스스로도 인정하는 특징이자 공적인 역사 인식이라고 말해도 좋을 것이다. 다음으로 나가사키 현이 주체가 되어 발행함으로써 주로 행정상의 종합적 정보가 기록된 『쓰시마 백과[つしま百科]』의 서문을 살펴보자. 이 글에는 한국과의 가까운 관계, 마쓰리(축제)의 존재, 그리고 관광에 대한 언급이 포함되어 있다.

또한 그 거리가 겨우 49.5km밖에 되지 않는다는 지리적 이점을 활용한 한국과의 교류도 정착되어 '이즈하라 항 마쓰리 쓰시마 아리랑 축제', '쓰시마 친구 음악제', '국경 마라톤 IN 쓰시마' 등의 이벤트를 통한 민간 차원의 교류도 활기찹니다.

이런 상황 아래 한국인 관광객도 증가하고 있으며 헤이세이20년(2008년)에는 7만 명이 넘는 한국인이 쓰시마를 찾아왔습니다.[3]

쓰시마의 역사와 현재의 상황을 언급할 때는 몇 가지 정형화된 말이 있다. 먼저 한국과 가까움을 표현할 때 항상 정해진 표현으로서 반드시 '49.8km', '약 50km'라는 숫자가 등장하는데, 위의 서술에서도 예외는 아니다. 다음으로 한국과 관련이 있는 마쓰리의 존재다. 위에서 언

2   쓰시마 시 홈페이지
     http://www.city.tsushima.nagasaki.jp/web/profile/post_45.html(2016년8월20일 확인)
3   나가사키 현 쓰시마 진흥국(長崎県対馬振興局), 「はじめに」, 『つしま百科』, 2011에서.

급된 '이즈하라 항 마쓰리 아리랑 축제', '쓰시마 친구 음악제', '국경 마라톤 IN 쓰시마'는 쓰시마의 3대 마쓰리로서 인구에 회자된다. 통칭 '아리랑 마쓰리'는 조선통신사 행렬을 간판으로 내세우고 있으며, '쓰시마 친구 음악제'는 한국과 일본의 아티스트가 출연하는 음악 축제로서 쓰시마 방언인 'ちんぐ'가 한국어 '친구'와 발음이 같다는 점에서 이런 명칭이 붙여졌다. 그리고 '국경 마라톤 IN 쓰시마'는 한일 양국에서 선수가 참가하는 마라톤이다. 다만 이 가운데 앞의 두 마쓰리는 현재 이름이 변경되었다. '아리랑 마쓰리'에 대해서는 후술하겠지만 어쨌든 이들 마쓰리가 쓰시마의 특징이라는 점은 변함없다. 마지막으로 한국에서도 많은 관광객이 찾아온다는 점도 쓰시마를 대표하는 사항으로서 정형화된 이야기로 다루어고 있는 실정이다.

2) 쓰시마의 관광 사정

다음으로 쓰시마의 관광에 대해 간략하게 정리해보기로 하자. 쓰시마 관광은 한반도와 역사적으로 관계가 깊고 근접해 있다는 점이 뒷받침된 의한 다양한 교류가 기반이 되고 있다. 조선통신사를 모티프로 하여 지역 진흥, 관광 진흥을 추구하고 있으며 한국 여행사의 주도 아래 '가깝고 저렴한' 여행 상품이 판매되고 있다.

쓰시마의 관광 진흥은 1970년대의 '이국정서'라는 캐치플레이즈로 대표되는 일본 국내 대상의 관광 유치로 시작되었다. 한국이 보인다고 알려진 가미쓰시마[上対馬]의 '한국전망대'는 '다른 나라가 보인다'는 점을 판촉 전략으로 내세워 이 시기에 세워졌다. 그리고 1980년대에는 지역 마쓰리에 조선통신사 재현 행렬이 등장하여 '아리랑 마쓰리'라는 명칭을 사용하기 시작함으로써 관광 진흥에도 큰 계기가 되었다. 그 후, 조선통신사와 인연이 있는 지역을 연결한 전국 네트워크가 형성되어 조선통신사 행렬은 한일 교류의 상징적 이벤트로 정착하게 된다. 동시에 관광 유치 전략이 일본 국내로부터 한국으로 전환되어간 경위도 여기에 있다.

우여곡절은 있었지만 2000년에는 부산–쓰시마 사이에 정기 국제항로가 마련되었다. 2011년 지진의 영향으로 일시 중지되어 한국 관광객의 중요성이 재인식된 이후, 항로는 복수 노선화, 고속화되었다. 이에 따라 현재는 최단 1시간 10분 정도로 부산과 연결되어 관광객이 급증하고 있으며 2015년에는 약 21만 명이 쓰시마를 찾았다. 항로 개통은 쓰시마에 미치는 경제적 파급 효과도 증폭시켰는데 2012년의 한국인에 의한 관광 소비는 5년 전보다 11억 엔 증가한 33억 엔에 이르렀다고 한다(『西日本新聞』, 2014.1.8).

쓰시마에서는 한국인 관광객에 대응하기 위해 여러 가지 노력을 펼치고 있다. 관광 상품 개발이나 한글판 팸플릿 작성 등이 시 차원뿐만 아니라 민간 차원에서도 적극적으로 이루어지고 있지만, 예전부터 부족하다고 지적받아 온 숙박 인프라 측면에서는 겨우 궤도에 오르게 되었다.

쓰시마의 관광 자원으로는 이즈하라마치[厳原町]에 남아 있는 조카마치(城下町 : 예로부터 내려오는 성을 중심으로 형성된 마을로서 행정과 상업의 중심지) 지역의 거리, 한국과 관련된 사적 이외에 바다와 산의 아름다운 풍광과 경치를 일반적으로 들 수 있다. 쓰시마는 가깝고 경비도 싸기 때문에 단기 여행자가 많으며 캠핑, 사이클, 등산 애호가 등의 단체 여행

으로도 자주 이용된다.[4]

2012년 이전 한국인 관광객의 최대 특징은 '단체, 단기, 중장년층'이었다. 사원 여행이나 계모임의 단체 여행으로 1박 정도의 단기 방문을 하는 중장년층 여행객이 두드러졌다. 현재는 '개인, 단기, 젊은 층'이 증가하고 있다. 노선의 복수화, 고속화에 따라 원래 단기 체재가 중심이었던 쓰시마 여행은 점점 더 '단기화'되고 있다. 아침에 부산을 출발해서 쓰시마의 히타카쓰[比田勝] 항에 도착해 해수욕을 한 후 온천을 즐기고, 슈퍼에서 쇼핑을 마친 뒤 저녁에 부산으로 돌아오는 코스도 가능해졌다. 당일치기 관광객 중에는 싸게 해외여행을 하려는 학생과, 면세품 구입을 주목적으로 하는 젊은 층도 많다. 또한 그 중에는 비자 갱신을 위해 한국에서 일시적으로 출국하는 외국인의 모습도 보인다. 2015년에는 약 21만 명의 한국인이 쓰시마를 방문했다(표 참조).

〈표 1〉 쓰시마의 한국인 입국자 수

연도	입국자수(명)
1999	2,017
2000	4,551
2001	8,320
2002	10,509
2003	15,734
2004	20,952
2005	36,636
2006	42,002
2007	65,490
2008	72,349
2009	45,266
2010	60,278
2011	47,696
2012	150,836
2013	181,812

(쓰시마 시 내부 자료를 참고하여 필자 작성)

---

4   상세한 내용은 中村(2015, 2016 근간) 참조.

3. '한일 교류의 섬'이라는 딜레마

1) 조선통신사 행렬을 둘러싸고

지역 축제 중에서 지역 유지에 의해 시작된 조선통신사 행렬이 '한일 교류'의 의의를 부여받아 현재에 이르게 된 점은 앞서 서술했다. 모체가 된 '항구 마쓰리'는 1964년부터 시작되었고, 조선통신사 행렬이 프로그램에 포함된 것은 1980년이다. 상점을 운영하는 쇼노(庄野) 씨가 신기수(辛基秀)의 기록영화 〈에도 시대의 조선통신사〉를 보고 감명을 받아 사재를 털어 의상을 마련했고 '항구 마쓰리'의 대표적 볼거리로 자리 잡았다. 처음에는 마쓰리의 분위기를 고취하기 위한 레퍼토리로서의 성격이 강했지만, 점차 국내 관광 진흥을 위한 제재가 되었다. 나아가 1988년부터 '아리랑 마쓰리'라는 명칭이 사용되기 시작하면서 마쓰바라[松原] 씨가 조선통신사의 연고지 네트워크인 '조선통신사연고지 연락협의회'를 조직화하여 회장으로 취임했다. 이러한 흐름 속에서 조선통신사 행렬에는 '한일 교류'의 이념이 덧붙여졌다(村上2014a, b).

행렬을 실행하는 것은 1980년에 결성된 '조선통신사행렬진흥회'이다. 시행 초기부터 한국색이 강한 이벤트라는 반발이 있었지만 쇼노 씨와 그의 아들의 열정을 뒷받침 삼아 새롭게 의미가 부여되면서 지속될 수 있었다. 이러한 '탄생의 경위'가 2013년에 발생한 이른바 '불상도난사건'을 계기로 마쓰리의 명칭 변경과 함께 행렬 중지라는 사태로 이어졌다.

불상도난사건이란 2012년에 한국인 절도단이 불상 두 점을 훔쳐 한국으로 반입해간 사건으로 대전지방법원이 반환금지명령을 내림으로써 일련의 문제가 발생했다. 지역에서는 반환을 요구하는 서명 운동이 이루어졌지만, 현 단계까지도 그 중 한 점이 반환되지 않았다. 이러한 사건에 대한 항의로 다음 해 통신사 행렬 행사가 중지되었고 앞으로 '아리랑 마쓰리'라는 명칭의 사용도 중단하기로 결정이 났다. 그 이유로서 "한국 관련 이벤트에 기부를 거부하는 사람이 증가했다"라거나 "마쓰리는 한국을 위해 하는 것이 아니다. 쓰시마의 것이다"라는 마쓰리 관계자의 목소리가 들려왔다. 이 사건은 지역 마쓰리를 위한 '행사'였던 조선통신사 행렬이 행정에 의해 교류의 간판 역할을 부담해 왔다는 점을 설명해주며, 한국 주도의 쓰시마 관광에 대한 이의 제기의 측면을 보여주었다고 말할 수 있다.[5]

2) 쓰시마의 딜레마

근래 한국의 관광객이 증가하고 있는 상황에 대해 쓰시마 사람들 모두가 두 손을 들고 환영하는 것은 아니다. 관광에 종사하는 사람들이 아닌 경우, 부정적인 의견을 내는 사람도 없지 않다. 한국인 관광객 수용 초기부터 노골적으로 한국인에 대해 멸시적인 발언을 하는 사람이 있었다고는 하지만 동일본대진재로 인해 관광객의 발길이 끊어졌을 때 경제적인 손실뿐만 아니라, 마을의 활기가 사그라지는 등 큰 타격을 입었기 때문에 이러한 발언은 잠잠해졌다. 쓰시마의 입장에서 한국인

---

5   마쓰리 중지는 섬 안팎의 주목을 받아 각종 매스미디어에서 많은 취재가 잇달았다. 거꾸로 지명도가 확인되었던 셈이다. '조선통신사는 쓰시마의 소프트파워 중 하나'(村上2014b : 34)라는 사실에는 변함이 없다.

관광객 유치는 없어서는 안 된다는 사실이 재인식되었기 때문이다.

하지만 아직껏 '한국＝트러블'이라는 인식이 해소되었을 리는 없다. 한국인 관광객에 대한 반발을 관광객들의 좋지 않은 매너(예의)의 문제로 환원하는 경향도 있다. 여행사와 행정 관청이 포스터와 배포자료를 통해 계몽 활동을 벌인 결과, 또한 한국 내에서의 가치관 변화에 따라 실제로 관광객의 매너는 개선되고 있다. 그럼에도 불구하고 아직도 판에 박힌 형태로 '매너 문제'가 끊임없이 불거져 나오는 이유는, 소문이 입에서 입으로 전해져 재생산되는 측면도 있지만, "한국인은 이러이러하다"라는 스테레오타입과 멸시감이 잠재되어 있기 때문일 것이다.

원래부터 쓰시마는 지리적, 역사적으로 방위의 요충지였기 때문인지, 한국과 교류가 깊어지면 깊어질수록 주로 섬 외부로부터 '쓰시마가 위험하다'라는 선동적인 경계론이 미디어를 통해 유포되곤 했다. 반대로 한국 일부에서도 "대마도는 한국 땅", "대마도를 돌려 달라!"라고 주장하는 목소리도 들려온다. 좋건 싫건 '국경의 섬'인 셈이다. 쓰시마와 관련된 내셔널리즘 문제는 이른바 '혐한 감정'의 차원에서 분석해야만 하겠지만, 관광과 정치의 관계성을 검토할 필요가 있기에 다른 기회를 통해 별고에서 다루고자 한다.

쓰시마에게 있어 한국과의 관계성이란 정체성을 형성하는 요소 중 하나이면서, 한국과 동일시되는 일은 거부해야만 하는 성격을 갖는다. 이러한 심리가 잘 나타난 것이 다음의 인용이다. 쓰시마의 전체상을 섬 밖의 사람들에게도 알리고 싶다는 취지로 쓰시마의 지식인과 연구자가 공동 집필한『쓰시마의 교린[つしまの交隣]』(2014)의 서문에는 다음과 같은 문장이 들어 있다.

섬 밖의 사람 중에는 쓰시마가 어디에 있는지도 알지 못하는 이도 있을지 모른다. 쓰시마는 한국의 부산과 가장 가까운 곳으로, 약 50km밖에 떨어져 있지 않으며 규슈와 한반도 사이에 위치한다. 그렇기에 쓰시마와 한반도의 관계는 역사적으로도 유서가 깊다고 할 수 있다. 쓰시마는 일본 열도와 한반도를 묶어줄 뿐만 아니라 유사 이래 동아시아 세계에 있어서 동서, 남북의 문화 교류의 십자로라고도 말해야 할 위치에 있다. (…중략…)

관광객 등 섬 밖에서 방문하는 사람들로부터 "쓰시마에는 일본과 한국의 문화가 융합하면서 발전해 온 측면은 볼 수 없습니까?"라고 질문 받을 때가 있다. 또한 본토에서 와보니 예상과는 달랐다고 하면서 "쓰시마는 완전히 일본이네요. 한국적인 측면은 없습니까?"라고 묻는 사람도 있다.

전통 문화와 민속, 풍토라는 점에서 보면, 쓰시마에 인류의 족적이 처음부터 확인되는 때부터 틀림없이 쓰시마의 문화는 일본에 속해 있었다는 점은 의심의 여지가 없으며, 조몬[繩文] 시대, 야요이[弥生] 시대 이래의 고고유적·유물도 그 점을 말해주고 있다.[6]

요즘 들어 쓰시마는 한국과의 관련성에 대해 특히 외부로부터 비판을 받고 있는데 관광 교류가 깊어지는 상황에 대해서도 특히 그러한 견해가 등장한다. 앞의 인용처럼 쓰시마가 일본이라는 점은 자명한 사실이라고 하면서도, 한국과의 관련성을 특히 강조하지 않으면 안 되는 지점에 쓰시마가 가진 딜레마가 있다. 이는 쓰시마가 '국경의 섬'이기 때문에 지니는 딜레마라고 말할 수 있다.

---

6   永留史彦·小島武博·上水流久彦編, 「はじめに」, 『対馬の交隣』 交隣舎出版企画, 2014.

4. 조선통신사를 둘러싼 위인의 현창 사례

1) 유네스코 세계기억유산 등록 신청

지금부터 2010년대부터 활발해지고 있는 현창 사업에 대한 사례를 살펴보도록 하자. 한국과 일본의 정치적 관계가 악화되고 있다고 여겨지는 근래, 조선통신사를 세계유산으로 등록을 추진하려는 시도가 2012년부터 본격적으로 펼쳐지고 있어 한일 각지에 산재한 문서와 그림 등 기록된 유물을 '기억유산'으로서 등록하는 것에 대한 협의가 진행 중이다. 이미 협력 관계에 있었던 '부산문화재단'과 '조선통신사연고지 연락협의회'가 공동으로 등록신청을 하는 형태로 2016년 1월의 공동 조인식을 거쳐 3월에 등록신청이 이루어졌다.

쓰시마의 정체성 구축에 있어서 조선통신사는 없어서는 안 될 아이템이다. 쓰시마는 조선통신사의 최초 상륙지이며, 한반도와의 외교와 교역을 담당한 쓰시마 번이 에도 성까지 호위를 했다는 사실도 잘 알려져 있다.

도요토미 히데요시[豊臣秀吉]의 조선 침략 이후 조선통신사의 재개를 위해 쓰시마 번이 국서를 위조하는 행위를 하면서까지 조선과 국교 회복에 힘을 쏟았다고 한다. 국교 회복과 조일(朝日)의 우호에 특히 공헌한 인물로 쓰시마 섬의 번주 소 요시토시와 유학자 아메노모리 호슈가 명망이 있어 그들을 현창하려는 움직임이 높아지고 있다.

조선통신사의 인식을 둘러싸고 한국과 일본에서 여러 가지 의견이 있는 것도 사실이다. 통신사를 보낸 주체, 상호의 타자관(他者觀), 일본에서의 행적과 사건에 대한 의미부여 등에 따라 입장이 갈리며 해석 역시 다른 부분이 존재한다. 하지만 이러한 차이를 넘어서서 공동으로 노력을 펼쳐 유네스코에 조선통신사 등록 신청을 이루어낸 점은 평가받아 마땅하다.

2) 소 요시토시 공 현창비 건립

쓰시마는 12세기 무렵부터 소 씨 가문이 지배해 왔다. 소 요시토시 (1568~1615)는 쓰시마의 초대 번주이자 명군으로 알려져 있다. 조선통신사의 기억유산 등록을 추진하기 위해 결성된 '조선통신사 쓰시마현창사업회' 등을 중심으로 소 요시토시를 현창하려는 움직임이 일어났지만 비용 마련이 골치 아픈 문제였다. 2015년, 사후 400년을 맞아 사업회 회장이 실행위원을 조직하고, 모금 운동을 펼쳐 동상 건립을 목표로 하였다. 그 결과 빠른 시간 안에 많은 기부가 이루어져 2016년 3월에 완성할 수 있었다. 쓰시마 초대 번주 소 요시토시의 공적은 다음과 같다.

중세에서 근세에 이르는 격동의 시기, 천하를 제패한 도요토미 히데요시가 대륙을 향한 무모한 출병을 꾀하자 요시토시는 조선과 융화점을 찾고자 각고의 노력을 거듭했지만 교섭은 결실을 맺지 못하고 7년에 걸친 임진왜란, 정유재란에 돌입하게 되었다. (…중략…) 시대가 변하여 도쿠가와 이에야스[德川家康]로부터 조선과의 관계 회복을 명받은 요시토시는, 양국 사이에 옴짝달싹 할 수 없이 끼어 있던 수많은 난제를 극복해가며 10년의 시간을 들여 게이초[慶長]12년(1607년) 조선통신사를 초빙하는 데 성공했다. 이어서 1609년에는 조선과 통호조약(기유약조)이 성립되기에 이르렀다. 도쿠가와 이에야스로부터 이러한 공적을 인정받아 쓰시마는 독립 기관으로서 조선과 무역을 할 수 있도록 막부로부터 허가를 받게 되었다.

이렇게 쓰시마 번은 요시토시가 생애를 바친 조선과의 통호관계를 유지함으로써 막번 체제 아래에서 특수한 위치를 확립하고 선린우호의 길을 걸어왔던 것이다.[7]

조선통신사를 현창한 기념비를 비롯한 한국 관련 비석은 기존에도 존재했지만, 지금까지 쓰시마에서 동상이 만들어진 적은 없었다. 관계자에 따르면, 이 동상의 디자인에도 우호적인 의미가 담겨 있다고 한다. 시대가 시대인지라 소 요시토시는 무사이기는 했지만 동상은 투구와 갑옷을 걸친 전쟁 중의 모습이 아니라, 의도적으로 속대(관복) 차림으로 만들었다. 평화를 바랐던 요시토시 공도 같은 생각이지는 않았을까, 라고 관계자는 말한다. 이렇듯 소 요시토시는 조선 침략 당시, 한반도에서 전투를 벌이기는 했지만 항상 조선과의 우호관계를 희구했다고 여겨지고 있다.

---

7   소 요시토시 공 현창비 완성제막식 팸플릿(주최 : 요시토시 공 현창비건립실행위원회).

3) 소 요시토시 전기 만화 출판

동상의 완성과 같은 시기인 2016년 3월에는 소 요시토시의 이야기가 만화로도 출판되었다. 나가사키 현 쓰시마 시가 펴내고, 야시로 나오노부[屋代尚宣]가 집필한『만화 쓰시마의 역사위인이야기 ① 초대 쓰시마 번주 소 요시토시』(梓書院)이다.

〈그림 1〉 출판물(왼쪽부터『쓰시마 토박이 향토독본[つしまっ子郷土読本]』,〈만화 아메노모리 호슈[マンガ雨森芳洲]〉,〈만화 소 요시토시[マンガ宗義智]〉)

쓰시마 시가 편집한 이 만화는 쓰시마 섬 안의 초중고생 전원에게 배포되었다. 또한 다음 해 입학할 신입생에게 나눠줄 분량까지 각 학교 도서관에 기증되었다고 한다. 권말에는 쓰시마 시장과 조선통신사 현창회 회장의 추천사와 해설 자료가 게재되어 있다. 전국 판매를 도모하여 후쿠오카의 출판사에 출판을 의뢰했고, 앞으로 시리즈로 만들어 쓰시마의 다른 위인에 대한 만화도 제작해 나갈 방침이라고 한다.

사업에 관계한 시청의 아히루[阿比留] 씨에 의하면, "이 책의 제작 배경에는 쓰시마 출신자가 대학 진학이나 구직으로 타지에 나갈 때, 시골의 외딴 섬 출신이라는 열등감을 느끼고 있는 현상을 꼽을 수 있다. 과거의 시대적 배경을 이해하면 쓰시마는 훌륭한 역사를 가지고 있다는 사실을 깨닫게 된다. 쓰시마에는 그러한 역사가 있으며, 한국과의 가교 역할을 했다는 점을 알 수 있다. 아이들뿐만 아니라 부모도 이 만화를 볼 것이다. 이 만화를 읽고서 쓰시마의 정체성을 되찾을 수 있으면 좋겠다"라고 언급했다. 나아가 쓰시마는 이러한 "역사를 널리 알려 관광 자원으로 삼을 수 있다"라고도 이야기해 주었다. 요컨대 먼저 아이들을 비롯한 일반인들에게 쓰시마의 정체성을 확립시킨 후에, 관광 자원으로서 활용하고 싶다는 의도이다.

4) 뮤지컬 〈쓰시마 이야기[対馬物語]〉

소 요시토시의 동상 건립 및 만화 출판에 앞서 2011년에는 소 요시토시를 주인공으로 한 뮤지컬이 지역에서 상연되었다. 2011년 쓰시마 시민에 의해 결성된 시민극단 '이사리비[漁火]'가 '조선통신사 연고지 마을전국교류회 쓰시마 대회'에서 〈쓰시마 이야기〉라는 공연을 펼쳤다. 각본은 제임스 미키[ジェームス三木]라는 유명한 각본가가 담당했다. 성립된 지 얼마 안 된 극단으로서는 두 번째 작품이자 첫 뮤지컬 장르를 선보인 셈이다. 또한 쓰시마 지역의 코러스 그룹, 일본 무용 단체, 타악기 그룹과 공동으로 무대를 완성했다. 출연자는 쓰시마 사람들만이 아니라, 업무를 위해 외부에서 온 사람이나 외국인 고등학교 교사까

지 포함된 다양한 멤버로 구성되었다.

내용은 임진왜란과 세키가하라[関ヶ原] 전투에서 고투하면서, 쓰시마의 생존을 걸고서 조선과 평화로운 관계를 쌓고자 했던 소 요시토시와 그의 아내 마리아(임진년에 조선에 출병했던 고니시 유키나가[小西行長]의 딸)의 모습을 중심으로 그려냈다.

뮤지컬의 대표적 대사로 쓰이기도 한, 이야기의 중심을 관통하는 주제는 "섬은 섬 나름의 방식으로 통치하라."라는 선대의 유훈이다. 대표적인 극단의 관계자 중 한 사람인 다치바나[橘] 씨는 이를 "쓰시마의 생존 방식 그 자체"라고 표현한다(橘, 2016 근간). 그는 "쓰시마에는 다른 지역에는 없는, 이웃 나라와 교류한 특이한 역사가 있다. (…중략…) 이 역사를 가까이서 추체험할 수 있고 쓰시마의 의의를 재인식할 수 있다"라고 뮤지컬의 의의를 설명했다. 이 뮤지컬은 한국과의 관계에 대해서 고뇌하는 쓰시마의 현재 모습을 반영함으로써 매우 좋은 평가를 받았다. 이 같은 호평에 힘입어 2012년에는 자매도시인 부산 영도구에서 공연되었고 이후 후쿠오카 공연으로 이어졌다. 2014년 나가사키 공연 등을 거쳐 2016년에는 도쿄 공연까지 성사되었다.

5) 아메노모리 호슈 전기 만화 출판

2015년에는 아메노모리 호슈(1668~1755)의 만화가 출간되었다. 마쓰바라 가즈유키[松原一征] 원작, 마쓰오 요코[松尾陽子] 작화 『만화 인물사 in 쓰시마 아메노모리 호슈[交隣舍出版企画]』이다. 쓰시마 번에 봉직했던 아메노모리 호슈는 중국어와 조선어에 능통하여 조선과의 외교에 힘을 쏟았던 인물이다. 호슈가 설파했던 외교의 기본은 "성의와 신의로 교류한다"였으며 여기서 나온 말인 '성신교린(誠信交隣)'은 오늘날 한일 교류의 각 장면에서, 반드시라고 말해도 좋을 만큼 자주 언급되고 있다.

만화의 원작은 '조선통신사연고지 연락협의회'의 이사장이자 아메노모리 호슈를 현창하는 단체인 '호슈회'의 회장이기도 한 마쓰바라[松原] 씨다. 그가 비용을 부담하여 쓰시마 지역 출판사가 간행했다. 마쓰바라 씨는 2011년에도『쓰시마에서 활약한 에도시대의 국제인 아메노모리 호슈의 생애』를 출판한 바 있다. 만화판의 '서문'을 인용해 보자.

> 쓰시마는 지리적으로 이웃인 한국과 매우 가깝기 때문에 예로부터 깊은 교류가 있었고, 에도 시대에는 도쿠가와 막부로부터 조선과의 외교와 무역의 일체를 위임받았습니다. (…중략…)
>
> 때문에 쓰시마 번에는 조선과 주고받은 외교문서를 읽고 쓸 수 있고 또한 외교 교섭까지 가능한 유학자가 필요했습니다. (…중략…)
>
> 때는 지금으로부터 320년 전 가을, 젊은 한 유학자가 쓰시마로 들어왔습니다. 아메노모리 호슈라는 이름을 가진, 아직 스물여섯 살의 젊은이였습니다. (…중략…)
>
> 이 이야기는 그 청년 유학자가 수많은 역경을 넘어 쓰시마를 위해, 그리고 일본을 위해 활약하면서 쓰시마 땅에서 여든여덟 살의 생애를 마친 내용입니다.

그 뒤로도 이어지는 독자를 향한 메시지를 살펴보면 이 책이 쓰시마의 아동을 대상으로 삼아 쓰였다는 점을 알 수 있다.

이러한 것을 통해 쓰시마가 지닌 귀중한 역사를 알아가기를 바랍니다.

젊은이의 꿈은 다양합니다. 쓰시마에서 일생을 보내는 사람이 있는가 하면, 쓰시마를 떠나 본토 각지나, 혹은 외국에서 생활하는 사람도 있겠지요. 어디에서 살아가건 '쓰시마'는 둘도 없이 소중한 여러분의 고향입니다.

고향 '쓰시마'에서 태어난 것에 자긍심을 갖고 살아가시기를 바랍니다.

마쓰바라 씨는 앞으로도 이러한 의사 아래 쓰시마의 선현을 다룬 전기 만화를 출판할 의향이라고 밝혔다.

6) 부독본(副讀本)

2016년 3월에는 쓰시마의 역사를 전하는 또 하나의 책이 출간되었다. 쓰시마 시 교육위원회가 발행한 『쓰시마 토박이 향토독본[つしまっ子郷土読本]』이다. 학교 교육에서 사용되는 것을 전제로 구성되어 출판된 부독본(학습보조용 서적)이지만, 지금까지 학교의 향토 교육을 위한 적당한 서적이 없었기 때문에 이러한 책의 제작을 기다리는 시선이 많았다. 전체의 70퍼센트 이상이 역사 부분으로 구성된 점이 특징인 이 부독본은 초·중·고등학교에 배포되었다고 한다.

책의 첫머리에는 '고향을 자랑스러워 할 수 있는 쓰시마의 어린이들을 키워내자'라는 제목으로 쓰시마 시장의 메시지가 실려 있다. 이런 메시지로도 알 수 있듯 이 책은 '호슈회' 회원과 이즈하라에 거주하는 저자들이 주로 집필했다.

특히 장래를 바라보는 아이들에게는 국경의 섬으로서 향토 쓰시마를 알아가고 다시금 인식하는 일이 중요하다는 생각 아래, 섬 내에서 역사와 문화 등을 연구하고 있는 '호슈회'에게 집필과 편집 등을 부탁하여 이번 『쓰시마 토박이 향토 독본』을 발행하게 되었습니다.

책임편집을 맡은 나가토메[永留] 씨는, "쓰시마 밖으로 떠나는 사람은 많지만 이주한 곳에서 쓰시마에 대해 질문을 받아도 아무 것도 모르기 때문에 그 결과 "쓰시마에는 아무 것도 없어"라고 대답해버리고 만다. 아이들이 이 책으로 공부함으로써 쓰시마에는 이런 자랑거리가 있다고 말할 수 있으면 좋겠다"라고 언급했다.

5. 마치며

지금까지 살펴본 사례들은 역사를 자신들의 것으로 삼아 이야기하고자 하는 시도라는 점에서 공통점을 가지고 있다. 그 배경에는 지속적으로 인구가 유출되고 있는 외딴 섬이 가진 고민이 자리 잡고 있다. 출판물의 작성 의도는 놀랄 정도로 한결 같다. 또한 이러한 출판 사업에 관련한 사람들이 중복되어 있다는 사실도 확인할 수 있었다. 스토리를 통해, 섬 밖으로 나가는 젊은이가 쓰시마 출신이라는 긍지를 갖기를 희망하는 이 같은 의도는 젊은이들이 외부에 쓰시마를 알리는 역할을 맡고 있다고 생각하기 때문일 것이다. 한편으로 이러한 시도가 장기적으로는 관광으로 연결되기를 기대하고 있기도 하다. 지역 진흥을 과제로 삼는 다른 지역에서도 공통된 과제라고 말할 수 있다.

쓰시마가 다른 지역에 비해 특수한 점은 국경 지대에 위치하기 때문에 한국과의 관계 방식에 대해 고뇌하고 있다는 점이다. 수많은 관광객을 받아들이게 됨으로써 생기는 갈등과 마찰은, 쓰시마가 현재 서 있는 자리를 숙고하게끔 만든다. 이러한 갈등이나 조선통신사 행렬 중지 등의 사건은 관광이나 교류에서 주체성을 되찾으려는 움직임으로도 해석할 수 있다. 고뇌를 극복하고 우호 관계를 맺으려 했던 선인들의 '스토리'는 지금 쓰시마가 놓인 상황을 적극적으로 설명해 줄 가능성이 있다.

다만 주의해야만 할 점도 있다. 쓰시마는 원래 여섯 개의 마을로 나누어 있던 지역이며 2004년에 합병되어 쓰시마 시가 된 지 얼마 지나지 않았다. 남북으로 긴 형태의 섬으로서 산이 많은 지형이기 때문에 오랜 세월 동안 도로 사정이 나빠서 지역 간 이동도 용이하지 않았다. 오히려 해상 교통 쪽이 발달한 시대가 있었다. 조카마치였던, 현재 시청이 있는 남부의 이즈하라와 북부의 히타카쓰 사이에는 역사적으로든, 자기 인식에 관해서든 심리적인 거리감이 적지 않은 측면이 있다. 이러한 섬의 내부 사정을 어떻게 극복함으로써 섬 전체의 통합을 가능케 할 것인가가 과제라고 말할 수 있다.

이번 현창 사업의 사례는 모두 '쓰시마 번의 역사' 스토리다. 여기에는 쓰시마 시를 중심으로 한 행정, 즉 이즈하라를 중심으로 한 지식인의 활동이 눈에 띈다. 그들이 말하는 쓰시마의(엄밀히 말하면 쓰시마 번의) 역사는 쓰시마의 중심(이즈하라)이 아닌 지역의 사람들에게까지 반드시 공유되고 있다고는 말할 수 없다. 같은 의미에서 '국경의 섬', '한일 교류의 섬'이라는 쓰시마에 대해 이야기할 때 사용되는 전형적인 문구 역시, 모든 쓰시마 사람들에게 긍정적으로 받아들여지는 것은 아니라는 점도 쉽게 상상할 수 있다. 여기에서 발생한 어긋남이 관광에 대한 태도 차이로 나타난다고 생각한다. 그렇기에 자신들의 역사로 삼기 위한 장치로서 만화와 같은 출판물이 그 역할을 담당하고 있다고도 말할 수 있다. 현창 사업이나 향토사를 재검토하는 사업의 경과는 앞으로도 주목해야만 할 것이다.

‖ 참고문헌 ‖

[논문 및 단행본]
김용의, 「일본 도노(遠野)지역 갓파(河童)전승의 관광상품화 양상」, 『일어일문학연구』 82, 2012.

橘厚志, 「コラム対馬市民劇団の意義」, 上水流久彦他編, 『境域の人類学』, 風響社, 2016.
対馬市教育委員会, 『つしまっ子郷土読本』, 交隣舎出版企画, 2016.
長崎県対馬市編, マンガ屋代尚宜, 『マンガ対馬の歴史偉人物語 ① 初代対馬藩主宗義智』, 梓書院, 2016.
中村八重, 「観光交流からみた日韓関係ー対馬の韓国人観光を中心に」, 磯崎典世・李鐘久編, 『日韓関係史1965～2015 Ⅲ社会・文化』, 東京大学出版会, 2015.
_____, 「境域のツーリズム」, 上水流久彦他編, 『境域の人類学』, 風響社, 2016.
松原一征, 『対馬で活躍した江戸時代の国際人雨森芳洲』, 交隣舎出版企画, 2011.
松原一征原作, 漫画松尾陽子, 『マンガ人物史in対馬雨森芳洲』, 交隣舎出版企画, 2015.
村上和弘, 「朝鮮通信使行列と〈日韓〉交流」, 永留史彦, 上水流久彦, 小島武博編, 『対馬の交隣』交隣舎出版企画, 2014a
_____, 「上書きされる朝鮮通信使」ー対馬・厳原における〈日韓交流〉をめぐって」, 『東アジア近代史』 17, 2014b.

[DB 자료]
http://www.city.tsushima.nagasaki.jp/web/profile/post_45.html

일본의 요괴전승을 활용한 지역활성화 양상

효고현 후쿠사키정의 사례

김용의

1. 일본의 '요괴 르네상스'와 지역활성화

일본사회에 요괴 붐이 대단하다. 최근 일본사회에 확산되고 있는 요괴 붐을 보고 있노라면 마치 '요괴 르네상스'를 맞이한 듯하다. 요괴는 일찍이 일본의 에도시대에 문학, 미술, 예능 등의 분야에서 다채롭게 표현되었다.[1] 이들 일본의 요괴문화는 현대사회에서 다양한 대중문화 콘텐츠와 결합하며 새롭게 각광을 받고 있다. 일본의 대중문화 콘텐츠의 일익을 담당하는 문화산업으로서의 요괴의 존재를 무시할 수 없을 정도이다. 그 때문인지 한국에서도 이 점을 주목한 연구를 확인할 수 있다.[2]

---

[1]   일본 에도시대에 요괴문화가 어느 정도로 성행했는지에 대해서는 요괴완구나 요괴도감 등을 대상으로 정치하게 분석한 다음 저서를 참고. 香川雅信, 『江戸の妖怪革命』, 河出書房新社, 2005, 31～240쪽.

일본에서의 요괴 붐은 지역활성화로 이어지기도 한다. 일본의 지방
자치단체는 해당 지역에 조금이라도 특이한 유형 및 무형의 문화자원
이 있으면 이를 지역발전에 적극적으로 활용하고자 한다. 일본 각지에
전해지고 있는 요괴전승도 예외가 될 수 없다. 현재 많은 일본의 지방
자치단체에서 요괴전승을 문화자원으로 활용하여 지역활성화를 꾀하
고 있다.

특히 필자가 관심을 갖고 있는 몇 군데 지역의 사례를 들기로 한다.
이와테[岩手]현 도노[遠野]시,[3] 효고[兵庫]현 후쿠사키[福崎]정, 히로시마[広
島]현 미요시[三次]시, 오이타[大分]현 우스키[臼杵]시,[4] 교토시 다아쇼군
상점가의 이치조요괴거리[一条妖怪ストリート][5] 등이 이에 해당한다. 이
들 지역은 요괴전승을 전면에 내세워 지역활성화를 꾀한 결과 일정한
성과를 거둔 것으로 평가된다. 이들 지역에서 요괴를 전면에 내세워 지
역활성화를 꾀한 이유는 공통적으로 해당 지역에 요괴와 관련한 전승
적 맥락이 존재했기 때문이다. 예를 들면 미요시 시에서 요괴를 지역활
성화의 일환으로 전면에 내세우게 된 계기는『이노모노노케로쿠[稲生物
怪録]』의 무대가 에도시대의 빈고[備後] 미요시 번[三次藩]이었다는 점이

---

2 예를 들면 다음과 같은 연구를 들 수 있겠다. 중앙대 한일문화연구원 편,『일본의 요괴문화 그 생
   성원리와 문화산업적 기능』, 한누리미디어, 2005, 1~309쪽; 박전열 · 임찬수 외,『현대 일본의 요
   괴문화론』, 제이앤씨, 2014, 1~400쪽.

3 도노시의 경우는 특히 갓파전승을 관관자원으로 활용하고자 하는 점이 두드러진다. 이 점에 대해
   서는 다음 논문을 참조. 김용의,「일본 도노[遠野] 지역 갓파[河童]전승의 관광상품화 양상」,『일
   어일문학연구』제82집, 한국일어일문학회, 2012, 235~253쪽.

4 우스키시에 전하는 요괴전승을 활용하여 지역활성화를 꾀하고자 하는 우스키미와리클럽[臼杵ミ
   ワリークラブ]이라는 단체의 활동이 두드러진다. 이 단체의 구체적인 활동에 관해서는 다음 블로
   그를 참조. http://www.coara.or.jp/~yas/miwari/top.htm(열람일 : 2016.8.25)

5 다아쇼군상점가 부근은 ‘百鬼夜行’의 무대로 전해지는 곳이다. 매년 가을이 되면 이 상점가에서
   요괴가장행렬이라는 이벤트가 진행된다. ‘百鬼夜行’에 관해서는 다음 연구를 참조. 田中貴子百
   (1994),『鬼夜行の見える都市』, 新曜社, 1994, pp.1~252.

결정적으로 작용하였다.[6]

본고에서는 효고현 후쿠사키정에서 갓파[河童]라는 요괴전승을 주목하여 그 캐릭터를 개발하고 확산시킨 사례를 중심으로 요괴전승과 지역활성화 문제에 대해서 검토하고자 한다.[7]

갓파는 일본 각지에 전해지는 다양한 요괴 중에서도 대중적으로 가장 인기가 있는 존재이다.[8] 그 때문인지 갓파는 일본에서 일찍부터 다양한 문화콘텐츠로 개발되어 스토리텔링이 활발하게 진행되었다. 예를 들면 2007년 일본의 하라 게이이치[原敬一] 감독이 제작한 애니메이션 「갓파 쿠와 여름방학[河童のクゥと夏休み]」을 사례로 들 수 있겠다.[9] 후쿠사키정의 경우도 갓파가 지역활성화에서 중요한 위치를 차지한다. 갓파는 후쿠사키정의 지역활성화를 꾀하는 데에 핵심적인 존재로 부상하였다.

6   『이노모노노케로쿠[稻生物怪錄]』는 에도시대 중기에 미요시 번[三次藩]의 번사 이노 부다유(稻生武太夫)가 체험했다고 하는 요괴 관련 이야기이다. 이에 관한 국내 연구로는 다음 논문이 있다. 최가진, 「『이노 모노노케로쿠[稻生物怪錄]』에 나타난 요괴의 유형 및 양상」, 『일본어문학』 47, 한국일본어문학회, 2010, 511~526쪽.

7   필자는 2014년 8월 2일부터 3일, 2016년 8월 6일부터 8일까지 2회에 걸쳐서 후쿠사키정에 머물며 현지답사를 실시하였다. 이 기회에 현지에서 도움을 주신 후쿠사키정 교육위원회의 다카요세 주로[高寄十郎] 교육장을 비롯한 모든 분들께 감사드린다.

8   예를 들면 요괴만화가 미즈키 시게루[水木しげる]가 편집하고 아라마타 히로시[荒俣宏]가 감수를 한 『미즈키 시게루의 요괴지도[水木しげるの妖怪地圖]』를 보면 갓파가 가장 앞에 소개되어 있다. 이 점을 보아도 갓파가 일본의 요괴 중에서 대중적으로 가장 인기가 있다는 사실을 짐작할 수 있다. 荒俣宏監修, 『水木しげるの妖怪地圖』, 平凡社, 2011, pp.10~11.

9   이 작품은 쿠[クゥ]라는 이름을 가진 어린 갓파[河童]와 고이치[康一] 소년 사이의 우정을 주된 내용으로 한다. 본고와 관련하여 「갓파 쿠와 여름방학」에서 흥미로운 것은 고이치 소년이 갓파 쿠를 데리고 도노시로 여행을 떠나는 대목이다. 고이치가 갓파 쿠를 데리고 도노시를 찾은 데에는 특별한 이유가 있었다. 그 이유를 『도노 모노가타리』에서 찾아볼 수 있다. 『도노 모노가타리』에는 여러 편의 갓파 이야기가 수록되어 있다. 고이치는 갓파 이야기라는 그 설화적 배경으로 인해 도노시를 찾았던 것이다. 말하자면 도노시는 '갓파의 고향'인 셈이다. 김용의, 「일본 도노[遠野] 지역 갓파[河童]전승의 관광상품화 양상」, 『일어일문학연구』 제82집, 한국일어일문학회, 2012, 241쪽.

2. 갓파전승에 관한 새로운 스토리텔링의 시도

효고현 후사키정은 1956년 다하라[田原]촌, 야치쿠사[八千種]촌, 구 후쿠사키[舊福崎]정이 합병되면서 성립하였다. 따라서 올해 2016년은 후쿠사키정으로 합병된 지 60주년에 해당한다. 2016년 7월 31일 현재 인구는 19,555명이다. 히메지시[姬路市]에서 전차로 약 25분 걸리는 곳에 위치해 있다.[10]

후쿠사키정에서는 일본의 여느 시정촌(市町村)과 마찬가지로 지역활성화에 전력을 다하고 있다. 그 중에서도 후쿠사키정에서 가장 힘을 기울이고 있는 것은 민속학자 야나기타 구니오[柳田國男]를 어떻게 지역활성화에 활용할 것인가 하는 점이다. 야나기타 구니오는 1875년 후쿠사키정에서 태어났다. 그런데 야나기타 구니오가 후쿠사키정에서 태어났다는 사실은 일본 국내에서도 그다지 널리 알려지지 않은 듯하다. 심지어는 지역 주민들 사이에서도 야나기타 구니오의 존재가 그다지 알려지지 않은 듯하다.[11] 따라서 야나기타 구니오를 그가 태어난 후쿠사키정과 연결하여 기억하는 사람들이 많지 않다. 이 점은 야나기타 구니오와 이와테[岩手]현 도노[遠野]시의 긴밀한 관계를 생각해보면 더욱 분명해진다.

야나기타 구니오는 도노시에 전하는 구전설화를 채록하여 『도노 모노가타리[遠野物語]』라는 명저를 출판하였다.[12] 이를 계기로 이와테현

---

10   후쿠사키정의 개요에 대해서는 후쿠사키정에서 개설한 홈페이지를 참조.
      http://www.town.fukusaki.hyogo.jp/(열람일 : 2016.8.25)
11   이 점에 관해서 교육위원회의 교육장을 맡고 있는 다카요세 주로씨는 필자에게 도노시에서의 야나기타 구니오의 존재감과 비교하면서 강한 어조로 불만을 토로하였다.(면담일 : 2014.8.2)

도노시는 일본인의 '마음의 고향'으로 각인되어 전국적인 관광명소로 자리를 잡게 되었다. 그 영향으로 사람들은 도노시하면 바로 야나기타 구니오를 연상하곤 한다.

후쿠사키정에서는 이 점을 의식하고 야나기타 구니오를 전면에 내세워 지역활성화를 꾀하고자 하였다. 예를 들면 후쿠사키정의 홈페이지에 들어가면 상단에 '민속학 야나기타 구니오와 찰보리면의 고장 후쿠사키정[民俗學柳田國男ともちむぎ麺の町]'이라는 문구를 적어놓았다. 후쿠사키정에서 어느 정도로 야나기타 구니오를 지역발전에 활용하고자 하는 지를 엿볼 수 있는 대목이다.[13]

후쿠사키정에서는 우선 지역 곳곳에 산재한 야나기타 구니오 관련 유적 및 시설을 복원하여 보존하는 한편 관련 시설을 새로 세우곤 하였다. 대표적인 유적 및 시설로는 야나기타 구니오의 생가, 기념관, 그가 어릴 적에 드나들며 독서를 했다고 알려진 오조야미키케[大庄屋三木家] 등이 있다.[14] 〈그림 1〉은 스즈모리[鈴森] 신사 옆에 복원시켜 놓은 생가의 모습이다. 〈그림 2〉는 현재 후쿠사키정에서 수리를 추진하고 있는 오조야미키케의 모습이다.

후쿠사키정에서 추진하고 있는 야나기타 구니오와 관련한 지역활성

---

12   『도노 모노가타리』는 김용의가 번역하여 소개하였다. 김용의 역, 『도노 모노가타리』, 전남대 출판부. 『도노 모노가타리』에 관한 국내 연구로는 다음과 같이 김용의의 일련의 논고가 있다. 김용의, 「『도노 모노가타리(遠野物語)』와 일본인의 이향관(異鄉觀)」, 『일본학연구』 제21집, 단국대 일본연구소, 2007, 27~50쪽; 김용의, 「『도노 모노가타리(遠野物語)』의 요괴전승」, 『일본연구』 제31호, 한국외대 일본연구소, 2007, 91~119쪽; 김용의, 「『도노 모노가타리(遠野物語)』를 통해 본 인간과 자연의 공생관계」, 『일어일문학연구』 제78집, 한국일어일문학회, 2011, 27~50쪽.

13   후쿠사키정 홈페이지를 참조. http://www.town.fukusaki.hyogo.jp/(열람일 :2016.8.25)

14   야나기타 구니오의 어린 시절에 대해서는 그의 회고록을 참조. 石井正己編, 『柳田国男の故郷七十年』, 2014, PHP, pp.16~55.

〈그림 1〉 복원한 야나기타 구니 오의 생가

〈그림 2〉 오조야미키케의 모습

화 콘텐츠 중에서 특히 본고에서 주목하고자 하는 것은 요괴전승이다. 요괴전승 중에서도 특히 갓파 이야기를 전면에 내세운 지역활성화 움직임이다. 후쿠사치정에서 갓파를 전면에 내세운 지역활성화 움직임은 다분히 도노시의 사례를 의식한 결과로 보인다.[15] 후쿠사키에서도 도노시의 사례를 참고하여 갓파를 관광자원으로 전면에 내세우는 지역활성화를 꾀하게 된다. 이는 야나기타 구니오가 그의 회상기 『고향 칠십년(故鄕七十年)』[16]에서 언급한 다음과 같은 갓파 이야기와 밀접하게 관련이 있다.

쓰지가와[辻川] 부근에서는 갓파를 가타로[ガタロ]라고 부르는데 가타로는 무척이나 장난을 즐겨했다. 어릴 적에 이치카와[市川] 하천에서 헤엄을 치고 있으면 갓파가 항문을 뚫는다는 이야기를 자주 들었다. 이 점이 갓파의 특징으로, 우리 중에서도 갓파에게 희생을 당한 친구들이 많았다. 해마다 한 명씩은 항문이 뚫려서 물에 빠져죽었다는 이야기를 듣곤 했었다. 이치

---

15   도노시에서 갓파를 관광자원으로 활용한 사례에 관해서는 다음 논고를 참조. 김용의, 「일본 도노[遠野] 지역 갓파[河童]전승의 관광상품화 양상」, 『일어일문학연구』 제82집, 한국일어일문학회, 2012, 235~253쪽.
16   야나기타 구니오의 회상기로 1958.1.8~9.14까지 총 200회에 걸쳐 「神戸新聞」에 게재되었다.

카와의 하천 기슭에 고마가이와[駒が岩]라고 부르는 바위가 있다. 지금은 작아져서 윗부분만이 보이지만 옛날에는 제법 컸었다. 높이가 일 장(丈) 정도는 되었을 것이다. 그리고 바위 아랫부분이 수면 아래로 일 장 정도는 되어서 부근이 시퍼런 연못을 이루고 있었다. 그 바위가 있는 연못에서 아이들이 자주 죽었다. 나도 거의 죽을 뻔한 경험이 있다. 물이 소용돌이 쳐서 휩쓸려갔는데 당황하지 않고 그대로 있었더니, 물 흘러가는 대로 몸이 떠내려가 얕은 곳으로 밀려 빠져나올 수가 있었다. 너무 허우적거리면 소용돌이 밑으로 빨려 들어가고 마는 것이었다. 장어가 많이 잡히는 곳으로 이곳에서 자주 장어를 잡곤 했었다.[17]

이 대목은 야나기타가 어릴 적에 쓰지카와[辻川]에 위치한 이치가와라는 하천에서 놀다가 자칫하면 죽을 수도 있었던 경험을 회상하는 장면이다. 〈그림 3〉은 아이들이 자주 사고를 당했다는 고마가이와[駒が岩] 부근에 세워진 안내판이며, 〈그림 4〉는 이치가와 하천의 모습이다.

야나기타 구니오의 회고록에 의하면, 당시 고향 마을의 아이들이 이치가와에서 물놀이를 하며 놀다가 자주 물에 빠져 죽었는데 사람들은 이를 갓파의 소행으로 믿고 있었다는 것이다. 후쿠사키정에서는 이 갓파 이야기를 관광자원으로 적극적으로 활용하기에 이른다. 흥미롭게도 이 이야기를 바탕으로 하여 『갓파 가타로와 가지로[河童の河太郎と河次郎]』라는 전혀 새로운 스토리텔링이 구성되었다.

---

17   石井正己編, 『柳田国男の故郷七十年』, 2014, PHP, pp.132-133. 이하 인용문의 한국어 번역은 필자의 졸역이다.

<그림 3> 고마가이와 안내판　　　　　　　　　　　　　　<그림 4> 이치카와 하천

　　후쿠사키정에는 이치카와[市川]라고 하는 큰 하천이 흐르고 있습니다.
이 하천 기슭에는 고마가이와[駒ヶ岩]라고 하는 커다란 바위가 있습니다.
그런데 그곳에는 이전에 갓파 형제인 가타로[ガタロ] 형과 가지로[ガジロ]
동생이 살고 있었습니다. 두 갓파는 하천으로 물놀이를 하러 오는 아이들의
발을 붙들어 끌어당겨 시리코다마[尻子玉]를 꺼내는 것입니다. 이윽고 아이
들은 갓파가 무서워서 그 누구도 고마가이와에서 놀려고 하지 않았습니다.
두 갓파는 우리들 탓이라고 후회를 하였습니다. 어느 날, 두 갓파는 모두가
잠든 밤에 야나기타 구니오 선생에게 사죄를 하려고 고마가가와에서 생가
가 있는 쓰지가와야마 공원으로 나왔습니다. 두 갓파는 야나기타 선생을 만
나려고 매일 공원 연못에서 기다렸습니다. 형 가타로는 저수지 부근에서, 동
생 가지로는 머리 정수리가 마르면 곤란하므로 연못 속에서 기다리기로 했
습니다. 두 갓파는 몇 년이고 몇 년이고 야나기타 선생을 계속 기다렸습니
다. 마침내 형 가타로는 머리 정수리에 고인 물이 말라서 몸이 굳어져 움직
일 수 없게 되었습니다. 그 상태로 지금도 이와오하시[巖橋] 다리 쪽을 바라

보면 야나기타 선생이 돌아오기를 기다리고 있는 것입니다. 한편 동생 가지로는 연못 속에 있었으므로, 지금도 연못 속에서 나타나곤 합니다. 연못 속을 계속 엿보고 있으면 시리코다마를 꺼내갈지도 몰라요.[18]

앞의 사례는 야나기타 구니오가 『고향 칠십년』에서 회상한 갓파 이야기를 바탕으로 하여 성립되었다. 내용을 읽어보면, 야나기타 구니오가 『고향 칠십년』에서 회상한 이야기와는 상당한 거리가 있음을 알 수 있다. 어느 쪽인가 하면, 야나기타 구니오와 갓파의 관계를 더욱 직접적이고 긴밀하게 연결하였다. 말하자면 『고향 칠십년』을 참고로 하여, 야나기타 구니오와 갓파를 동시에 내세울 수 있는 방향으로 새로운 스토리텔링이 구성된 셈이다.

3. 유루캬라[ゆるキャラ]로 정착한 갓파전승

후쿠사키정의 요괴전승과 지역활성화를 주목할 때에 흥미로운 것은 새로운 스토리텔링이 구성되었다는 점만은 아니다. 후쿠사키정에서 새롭게 구성한 스토리텔링에 등장하는 가타로와 가지로의 조형물을 실제로 설치하였다는 점이다. 혹은 조형물이 먼저 설치되고 이를 계기로 새로운 스토리텔링이 이루어졌는지도 모르겠다. 중요한 것은 갓파에 관한 새로운 스토리텔링과 동시에 조형물이 설치되었다는 점이다.

---

18   후쿠사키정관광협회의 홈페이지 참조
        http://www.fukusaki-tabigaku.jp/kankou/kappa.html(열람일 : 2016.8.25)

〈그림 5〉와 〈그림 6〉은 후쿠사키정의 쓰지카와산[辻川山] 공원에 설치한 갓파 조형물이다. 〈그림 5〉의 조형물이 형 가타로[ガタロ]이고 〈그림 6〉의 조형물이 동생 가지로[ガジロ]이다.

가타로와 가지로라는 형제 갓파의 조형물 설치는 후쿠사키정의 지역활성화에 적지 않게 도움이 된 듯하다. 이 조형물을 설치한 이후 외부에서 후쿠사키정을 방문하는 관광객의 수가 눈에 띄게 늘어났다고 한다.[19] 이후 가타로와 가지로 캐릭터는 후쿠사키정의 곳곳에 등장하게 된다. 예를 들면 〈그림 7〉과 〈그림 8〉을 주목하기로 한다. 〈그림 7〉은 후쿠사키정의 공원 부근에 설치된 홍보용 관광안내판이다. 그리고 〈그림 8〉은 후쿠사키정에서 운행하는 공용버스에 새겨진 갓파 캐릭터이다.

후쿠사키정에서는 갓파 조형물을 설치하여 관광자원으로 활용함과 동시에 새로운 갓파 캐릭터를 만들어서 적극적으로 홍보하고 있다. 새로운 캐릭터는 지명 후쿠사키에서 한 글자씩을 따서 각각 후쿠찬[フクちゃん], 사키찬[サキちゃん]이라고 명명하였다. 〈그림 9〉는 후쿠찬과 사키찬의 캐릭터이다. 앞서 살펴본 갓파 조형물들과 비교할 때에 매우 귀여운 캐릭터로 그려졌다는 것을 알 수 있다. 이 캐릭터는 후쿠사키정에서 발행하는 각종 홍보 자료를 비롯하여 직원들의 명함에 이르기까지 다양하게 등장한다. 말하자면 지역에 전해지고 있는 갓파 이야기를 활용해서 일종의 '유루캬라[ゆるキャラ]'를 고안한 셈이다.

---

19 이 점에 관해서 후쿠사키정 지역진흥과 과장보좌를 맡고 있는 오가와 도모오[小川知男]씨의 경과보고가 참고가 된다. 그는 제37회 산토키[山桃忌]의 학술심포지엄(2016.8.6) 자리에서 2014년 조형물 설피 이후에 외부 관광객 수가 크게 늘었다며 '요괴'가 지역활성화의 핵심이라는 점을 거듭 강조하였다. 참고로 '산토키'는 야나기타 구니오와 그의 형인 이노우에 미치야스[井上通泰]를 기념하기 위한 추모행사이다.

<그림 5> 가타로의 조형물

<그림 6> 가지로의 조형물

<그림 7> 후쿠사키의 갓파 캐릭터

<그림 8> 버스에 새긴 갓파 캐릭터

　일본어 유루캬라[ゆるキャラ]라는 용어는 만화가 미우라 준[みうらじゅん]이 만든 말이라고 한다.[20] 이 말은 '느슨한 마스코트 캐릭터[ゆるいマスコットキャラクター]'의 준말로, 이벤트, 각종 캠페인, 지역활성화, 지역의 특산품 소개 등과 같이 지역에 관한 전반적인 정보 선전에 사용하는

20　みうらじゅん, 『ゆるキャラ大図鑑』, 扶桑社, 2004, p.2.

마스코트 캐릭터를 가리키는 용어이다.[21] 후쿠사키정에서는 지역홍보를 위한 유루캬라로 갓파라는 요괴를 선택하였다.[22]

갓파 캐릭터의 개발 및 조형물 설치가 어느 정도 성공을 거두고 지역활성화에 기여했다는 판단 때문인지, 후쿠사키정에서는 2015년 갓파 조형물이 설치된 쓰지카와산 공원의 바로 옆에 요괴오두막[妖怪小屋]을 새로 설치하였다. 이 요괴오두막에 설치된 요괴는 덴구[天狗]이다. 〈그림10〉은 덴구[天狗]가 요괴오두막에서 줄을 타고 내려오는 모습이다. 현재 갓파 조형물과 함께 후쿠사키정의 관광자원으로 인기를 모으고 있다.

〈그림 9〉 후쿠찬과 사키 찬의 캐릭터

〈그림 10〉 요괴오두막의 덴구

그런데 갓파 조형물의 설치와는 달리, 덴구를 등장시키는 요괴오두막의 설치는 무언가 후쿠사키정이라고 하는 지역 차원의 전승적 맥락에서 벗어난 느낌을 들게 한다. 이 점은 갓파 조형물의 설치 사례와 비

21　유루캬라(ゆるキャラ)의 용어적 정의에 관해서는 위키피디아를 참조.
　　http://ja.wikipedia.org/wiki/(열람일 : 2016.8.25)
22　유루캬라와 요괴의 상관성에 대해서는 다음과 같은 흥미로운 논고가 있다. 飯倉義之, 「妖怪とゆるキャラの間 : 妖怪ゆるキャラから見る現代の妖怪文化」, 『子どもの文化』47(8), 文民教育協会 子どもの文化研究所, 2015, pp.18~23.

교하면 쉽게 드러난다. 갓파 조형물의 경우에는, 후쿠사키정에서 지역 활성화의 중심인물로 주목하는 야나기타 구니오의 『고향 칠십년』에서의 회상, 이를 바탕으로 하는 새로운 스토리텔링의 등장이라는 전승적 맥락이 자연스러운 흐름을 형성한다. 그런데 덴구를 소재로 한 조형물의 경우에는 지역 차원의 전승적 맥락이 확인되지 않는다.

　이 점에 관해서는 본고의 서론에서 언급한 이와테[岩手]현 도노[遠野]시, 히로시마[広島]현 미요시[三次]시, 오이타[大分]현 우스키[臼杵]시, 교토시 다이쇼군상점가의 이치조요괴거리[一条妖怪ストリート] 등의 사례에서도 확인할 수 있다. 이들 지역은 공통적으로 근대 이전부터 지역에 전해지던 요괴의 전승적 맥락에 착목하여 지역활성화를 시도하였다.[23] 이 점을 고려해보아도 후쿠사키정에 설치된 요괴오두막의 덴구 조형물이 지역의 전승적 맥락에서 상당히 벗어나 있음을 알 수 있다. 물론 해당 지역에 요괴전승이 존재해야지만 이를 지역활성화에 연결시킬 수 있는 것은 아닐 것이다. 돗토리[鳥取]현 사카이미나토[境港]시에서 추진한 '미즈키 시게루 로드[水木しげるロード]'의 경우에도 지역의 요괴전승을 활용하지는 않았지만, 요괴 캐릭터를 지역활성화에 활용하여 성공한 대표적인 사례로 손꼽힌다.[24] 그렇지만 이 경우에는 미즈키 시게

23　이 점에 관해서는 본고의 서론 부분을 참조.

24　'미즈키 시게루 로드'의 조성사업은 우연한 기회에 기획되었다고 한다. 다케시타 노보루[竹下登] 수상 당시 '고향 창생[ふるさと創生]' 사업의 일환으로 '상점가등진흥정비특별사업제도(商店街等振興整備特別事業制度)'를 시행하였다. 사카이미나토 시에서는 1992년 도로개수계획의 일부 사업으로 미즈키 시게루의 요괴 캐릭터인 기타로[鬼太郎], 메다마오야지[目玉おやじ], 네즈미오토코[ねずみ男] 브론즈 동상 3개를 다이쇼바시[大正橋]라는 다리 난간에 설치할 계획이었다. 당초 소박한 규모로 시작되었던 사업은 예산을 확보하는 과정에서 돗토리 현 및 중앙정부(자치성)의 협력으로 규모가 확대되었다. 더욱 자세한 내용은 다음을 참조. 黒目友則, 『妖怪になりそこなった男』, YMブックス, 2007, pp.25~26.

루라고 하는 위대한 요괴만화가의 존재, 그가 그려낸 요괴만화 캐릭터의 힘이 작용하여 성공을 거둘 수가 있었다.

후쿠사키정에서는 갓파 조형물의 설치, 요괴오두막의 설치 등이 지역활성화에 도움이 되었다고 판단한 때문인지, 이후 요괴 캐릭터를 활용한 지역활성화에 더욱 매진하게 된다. 그 대표적인 사례 중의 하나가 2014년부터 해마다 실시하고 있는 전국요괴조형콘테스트[全国妖怪造形コンテスト]이다. 이는 글자 그대로 요괴 관련 조형물을 콘테스트에 응모하도록 하여 시상하는 제도이다. 2016년 현재 제3회 대회를 맞이하였다.[25]

말하자면 야나기타 구니오의 어린 시절의 갓파에 대한 추억에서 출발하여, 새로운 갓파 스토리텔링 구성, 갓파 및 덴구 조형물의 설치, 요괴오두막, 전국요괴조형콘테스트로 이어지는 요괴자원이 지역활성화의 핵심이자 중심과제로 부상한 것이다.

4. '요괴'를 통한 고향 이미지의 환기

일본의 여러 지방자치단체에서는 일본사회에서 형성되고 있는 '요괴 르네상스'와도 같은 요괴 붐에 편승하여 지역활성화 전략의 일환으로 요괴를 전면에 내세우는 전략을 수립하여 실행에 옮기고 있다. 이 점은 요괴에 관한 연구사적 관점에서 볼 때에 매우 흥미로운 현상이 아닐 수 없다. 왜냐하면 일찍이 요괴연구의 중요성을 역설하고 연구를 위

한 이론적 토대를 마련했던 야나기타 구니오조차도 이 현상을 예견하지 못했을 것이기 때문이다.[26] 말하자면 현재 일본사회에서 야나기타 구니오의 요괴연구 범주를 넘어서는 새로운 현상이 전개되고 있는 셈이다.

본고에서는 효고현 후쿠사키정에서 요괴전승을 어떤 방식으로 지역 활성화에 접목시키는지를 구체적인 사례를 통해서 고찰하였다. 후쿠사키정의 경우에는 첫째 갓파 조형물의 설치와 동시에 갓파에 관한 새로운 스토리텔링이 시도되었다. 둘째 조형물 및 새로운 스토리텔링의 시도로 인해서 확산된 갓파의 이미지는 후쿠사키정의 유루캬라(ゆるキャラ)로 귀결되었음을 확인하였다.

사람들이 후쿠사키정을 찾는 이유는 갓파 조형물 및 새로운 스토리텔링이 신기하고 재미있어서이기도 하겠지만, 후쿠사키정을 찾아오는 사람들은 갓파 조형물을 통해서 무언가 더욱 '근본적인 것'을 떠올리고 있다고 보아야 할 것이다. 외부에서 후쿠사키정을 찾는 사람들이 떠올리는 '근본적인 것'이란 다름 아닌 고향의 이미지이다. 고향을 떠난 사람들 특히 도시인들이 그리워하는 '고향'의 이미지에는 여러 가지가 있을 수 있다. 어린 시절 뛰어놀던 산과 들로 대표되는 풍경을 그리워할 수도 있고, 어린 시절 자주 먹었던 이른바 향토음식을 그리워할 수도 있을 것이다. 후쿠사키정의 경우에는 바로 갓파 조형물이 이에 해당한다. 연못에 설치된 갓파 조형물이 이곳을 찾는 사람들에게 그리운

---

26 야나기타 구니오는 요괴연구에 있어서 주로 세 가지 점을 강조하였다. 첫째 일본 각지의 요괴 종류를 채집하여 그 분포를 파악할 것, 둘째 요괴와 유령의 구별, 셋째 요괴의 발생을 신에 대한 신앙의 쇠퇴라는 관점에서 설명하고자 하였다. 柳田國男, 「妖怪談義」 『定本柳田國男全集』第四卷, 筑摩書房, 1963, pp.285~438.

'고향' 이미지를 환기시키는 상징물로 작용하였던 것이다.

이 같은 현상은 인간과 요괴의 공생이라는 관점에서 볼 때에도 매우 주목할 만한 현상이다. 물론 여기서 말하는 요괴란 단지 일본인들의 '마음의 고향'을 환기시키는 상징물로서만이 아니라, 확대해서 생각한다면 자연 그 자체로 받아들일 수도 있다. 다시 말하자면 인간과 요괴의 공생이란 궁극적으로 인간과 자연의 공생을 의미한다고 볼 수 있다.

오늘날 모든 분야에서 생태주의 관점이 강조되고 인간과 자연의 공생에 대한 여러 대안들이 모색되고 있다. 이 점을 감안한다면 인간과 요괴의 관계는 더욱 본질적이고 특별한 의미를 지니게 된다. 일본의 지역활성화에 동원되는 요괴의 경우에도, 지역활성화라는 현실적인 측면만이 아니라 인간과 요괴의 공생이라는 생태주의 관점에서 바라보고 이해할 필요가 있겠다.

▮참고문헌▮

[논문 및 단행본]

김용의, 「『도노 모노가타리[遠野物語]』와 일본인의 이향관(異鄕觀)」, 『일본학연구』 제21집, 단
　　국대 일본연구소, 2007.

_____, 「『도노 모노가타리[遠野物語]』의 요괴전승」, 『일본연구』 제31호, 한국외국어대 일본연
　　구소, 2007,

_____, 「『도노 모노가타리[遠野物語]』를 통해 본 인간과 자연의 공생관계」, 『일어일문학연구』
　　제78집, 한국일어일문학회, 2011.

_____, 「일본 도노[遠野] 지역 갓파[河童]전승의 관광상품화 양상」, 『일어일문학연구』 제82집,
　　한국일어일문학회, 2012.

김용의 역, 『도노 모노가타리』, 전남대 출판부, 2009.

박전열・임찬수 외, 『현대 일본의 요괴문화론』, 제이앤씨, 2014.

중앙대 한일문화연구원 편, 『일본의 요괴문화 그 생성원리와 문화산업적 기능』, 한누리 미디어,
　　2005.

최가진, 「『이노 모노노케로쿠[稲生物怪錄]』에 나타난 요괴의 유형 및 양상」, 『일본어문학』 47,
　　한국일본어문학회, 2010.

荒俣宏監修, 『水木しげるの妖怪地圖』, 平凡社, 2011.

飯倉義之, 「妖怪とゆるキャラの間 : 妖怪ゆるキャラから見る現代の妖怪文化」, 『子どもの文
　　化』 47(8), 文民教育協会子どもの文化研究所, 2015.

石井正己編, 『柳田国男の故郷七十年』, PHP, 2014.

香川雅信, 『江戸の妖怪革命』, 河出書房新社, 2005.

黒目友則, 『妖怪になりそこなった男』, YMブックス, 2007.

田中貴子百, 『鬼夜行の見える都市』, 新曜社, 1994.

みうらじゅん, 『ゆるキャラ大図鑑』, 扶桑社, 2004.

柳田國男, 「妖怪談義」 『定木柳田國男全集』 第四卷, 筑摩書房, 1963.

[DB자료]

http://www.coara.or.jp/~yas/miwari/top.htm

http://www.town.fukusaki.hyogo.jp/

http://www.fukusaki-tabigaku.jp/kankou/kappa.html

https://ja.wikipedia.org/wiki/

초출

이 저서에 수록된 글들의 출처는 다음과 같음.

Ⅰ.1. 권기창, 「역사,문화 테마파크 개발을 위한 성공모델 설정 - 한국문화 테마파크를 사례로」, 『한국콘텐츠학회논문지』15-2, 한국콘텐츠학회, 2015.

Ⅰ.2. 최아름·유동환, 「히스토리핀을 활용한 전주한옥마을의 근현대 기억 디지털 아카이브 구축방안」, 『글로벌문화콘텐츠』17, 글로벌문화콘텐츠학회, 2014.

Ⅰ.3. 김동현, 「공간/로컬리티, 서사적 재현의 양상과 가능성 - 〈화산도〉와 〈지상에 숟가락 하나〉를 중심으로」, 『한민족문화연구』53, 한민족문화학회, 2016.

Ⅱ.1. 임동욱, 「이미지 스토리텔링을 통한 장소 정체성 부여 - 오사카, 사가, 다케오의 미디어 파사드 쇼」, 『일어일문학연구』99, 한국일어일문학회, 2016.

Ⅱ.2. 나카무라 아에, 「대마도의 지역 정체성의 재구축 - 조선통신사와 위인을 둘러싼 스토리텔링을 중심으로」, 『일어일문학연구』99, 한국일어일문학회, 2016.

Ⅱ.3. 김용의, 「일본의 요괴전승을 활용한 지역활성화 양상 - 효고현 후쿠사키정의 사례」, 『일어일문학연구』99, 한국일어일문학회, 2016.

필자소개

권기창 안동대학교 한국문화산업전문대학원 융합콘텐츠학과 교수

영남대학교 통계학과 이학박사 (멀티미디어 전공)

「휴먼케어콘텐츠 개발과 스토리텔링의 활용」, 「도시재생을 위한 수변 문화 공간 개발 및 활성화 방안－안동시 낙동강을 사례로」 외 다수

김용의 전남대학교 일어일문학과 교수

전남대학교 일어일문학과 졸업

일본 오사카대학 대학원 일본학과 문학박사 (일본문화학 전공)

『혹부리영감과 내선일체』, 『일본의 스모』, 『일본설화의 민속세계』외 다수

나카무라 야에 계명대학교 일본어문학전공 교수

일본 히로시마대학대학원 국제협력연구과 학술박사 (문화인류학 전공)

「관광교류를 통해 살펴본 한일관계－쓰시마의 한국인 관광을 중심으로」, 「세계유산시대을 향한 쓰시마 관광에 관한 연구」 외 다수

유동환 건국대학교 문화콘텐츠학과 교수

고려대학교 철학과 및 동대학원 철학박사 (동양철학 전공)

「지역 구술아카이브 기반 스토리텔링체험시스템 연구」, 『인문콘텐츠의 사회적 공헌』외 다수

임동욱 한국외국어대학교 글로벌문화콘텐츠학과 BK연구교수

한국외국어대학교 글로벌문화콘텐츠학과 문학박사 (문화콘텐츠학 전공)

「문화콘텐츠를 통한 비극적 지역사의 다크 투어리즘 활용 전략－프랑스 방데를 중심으로」, 『한류 3.0과 문화 글로컬화의 인문학적 연구』 외 다수

김동현 국민대학교 국어국문학과 문학박사(현대문학 전공)

「로컬리티의 발견과 내부식민지로서의 '제주'」, 『제주, 우리 안의 식민지』 외 다수

최아름 건국대학교 문화콘텐츠학과 박사수료(문화콘텐츠학 전공)

「오페라 〈루살카〉속의 물과 달의 상징과 여성적 이미지」, 『소곤소곤 프라하』 외 다수

최재혁(번역) 일본 도쿄예술대학 예술학과 예술학박사 (일본동양미술사 전공)

「현대 '일본화'에 나타난 전통미의 재생과 동서의 융합—마쓰이 후유코의 작업을 중심으로」, 『美術の日本近現代史－制度・言説・造型』 외 다수